Esta obra é complementada por um Curso sobre Proteção de Dados Pessoais, gravado pela autora, em 2021.

Acesse o QR Code ou o *link* e assista ao Curso.

> *https://uqr.to/23mb2*

Patricia **Peck** Pinheiro

PROTEÇÃO DE DADOS PESSOAIS

Comentários à Lei n. 13.709/2018 (LGPD)

5ª edição
Atualizada e ampliada

gen | saraiva jur

- Data do fechamento do livro: 25.08.2025

- **Atendimento ao cliente: (11) 5080-0751 | faleconosco@grupogen.com.br**

- Capa: Tiago Dela Rosa

- **CIP – BRASIL. CATALOGAÇÃO NA PUBLICAÇÃO**
  SINDICATO NACIONAL DOS EDITORES DE LIVROS, RJ

P721p
5. ed.

Pinheiro, Patricia Peck
Proteção de dados pessoais : comentários à Lei n. 13.709/2018 (LGPD) / Patricia Peck Pinheiro. - 5. ed. - Rio de Janeiro : Saraiva Jur, 2026.

Inclui bibliografia
ISBN 978-85-5362-360-0

1. Brasil. [Lei geral de proteção de dados pessoais (2018)]. 2. Proteção de dados - Legislação - Brasil. 3. Internet - Legislação - Brasil. 4. Direito à privacidade. I. Título.

25-99471.0 CDU: 343.45:004.738.5(81)

Meri Gleice Rodrigues de Souza - Bibliotecária - CRB-7/6439

Agradeço a brilhante contribuição das minhas pesquisadoras Caroline Morata e Camila Nascimento nos estudos relacionados à proteção de dados e privacidade, bem como à Giovanna Bortoto, por todo o seu apoio, aos meus sócios, Leandro Bissoli e Henrique Rocha, pela troca de ideias que temos no atendimento dos casos, ao nosso núcleo de DPO, sob a liderança da Cecília Castro, e aos demais advogados da minha equipe, cujo debate permanente e a rica troca de conhecimento sempre são fonte de grande inspiração para que eu possa manter a obra atualizada.

SOBRE A AUTORA

- Advogada especializada em Direito Digital, Propriedade Intelectual, Proteção de Dados e Cibersegurança.
- Graduada e doutorada pela Faculdade de Direito da Universidade de São Paulo (USP), com 25 anos de prática jurídica no Brasil e no exterior.
- Conselheira Titular nomeada para o Comitê Nacional de Segurança Cibernética (CNCiber), também foi nomeada Conselheira Titular do Conselho Nacional de Proteção de Dados Pessoais e da Privacidade (CNPD).
- Membro da Comissão de Proteção de Dados do CNJ.
- Membro consultora da Comissão Especial de Proteção de Dados do Conselho Federal da Ordem dos Advogados do Brasil (OAB Nacional).
- Membro do conselho da Smart IP Latin America Initiative do Instituto Max Planck Munique para o Brasil.
- Membro do Fórum Permanente de Inovações Tecnológicas no Direito da Escola da Magistratura do Estado do Rio de Janeiro (EMERJ).
- Top Women in Cybersecurity Americas 2023 pela WOMCY, LATAM Women in Cybersecurity e Latinas in Cyber (LAIC).
- Foi Presidente da Comissão Especial de Privacidade e Proteção de Dados da OAB-SP.

- Pesquisadora convidada do Instituto Max Planck, em Hamburgo e Munique, e da Universidade de Columbia, nos EUA.
- Autora/coautora de 53 livros de Direito Digital.
- CEO e Sócia Fundadora do Peck Advogados.
- Presidente do Instituto Peck de Cidadania Digital.
- Programadora desde os 13 anos.
- Certificada em Privacidade e Proteção de Dados pela EXIN.

PREFÁCIO

A revolução digital, ao ampliar exponencialmente a capacidade de coleta, armazenamento e análise de informações, transformou os dados em ativos estratégicos e tornou-os um novo campo de disputas. Nesse cenário, proteger dados pessoais é muito mais do que um paradigma legal – é uma questão de soberania, de segurança nacional e de garantia dos direitos fundamentais do cidadão.

Por ser a segurança cibernética uma das áreas com maior impacto na proteção da informação, tenho acompanhado, com crescente atenção, a evolução normativa e tecnológica que cerca a proteção de dados. Nesse sentido, é com muita honra e com grande admiração e respeito que escrevo este prefácio à obra da Dra. Patricia Peck, uma das referências em Direito Digital no Brasil.

A versão atualizada do livro *Proteção de Dados Pessoais* é, ao mesmo tempo, técnica e acessível, jurídica e estratégica, nacional em sua essência e internacional em sua relevância. Percorre com maestria os fundamentos constitucionais da privacidade, a estrutura e os princípios da Lei Geral de Proteção de Dados Pessoais (LGPD), os direitos dos titulares e as obrigações dos agentes de tratamento, abordando evoluções disruptivas, como os impactos da Inteligência Artificial, e oferecendo uma visão completa e aprofundada do tema.

Destaco, particularmente, a maneira como a autora compreende a proteção de dados como um vetor de confiança e como um pilar da cidadania na sociedade da informação. Essa abordagem vai ao encontro dos valores que regem nossas ações na segurança cibernética: resiliência, vigilância contínua, ética e respeito ao arcabouço legal.

Esta obra é leitura obrigatória para os que atuam nos setores público e privado, para profissionais da tecnologia, do direito e da segurança da informação e também para todos os que, como nós, têm a missão de cooperar com a proteção da infraestrutura crítica do País e garantir um ambiente digital seguro, confiável e soberano.

Parabenizo a autora pela clareza, profundidade e atualidade do conteúdo. Este livro não é apenas um guia jurídico: é um manual de cidadania digital e um instrumento essencial para a construção de uma cultura de proteção de dados no Brasil.

General de Divisão Ivan de Sousa Corrêa Filho
Antigo Secretário-Executivo do Gabinete de Segurança
Institucional da Presidência da República e
Presidente do Comitê Nacional de Cibersegurança e
atual Comandante de Defesa Cibernética.

Sumário

1.

Panorama internacional da privacidade e proteção de dados pessoais

O motivo que inspirou o surgimento de regulamentações de proteção de dados pessoais de forma mais consistente e consolidada a partir dos anos 1990 está diretamente relacionado ao próprio desenvolvimento do modelo de negócios da economia digital, que passou a ter uma dependência muito maior dos fluxos internacionais de bases de dados, especialmente os relacionados às pessoas, viabilizados pelos avanços tecnológicos e pela globalização.

Desse modo, houve a necessidade de resgatar e repactuar o compromisso das instituições com os indivíduos, cidadãos desta atual sociedade digital, no tocante à proteção e à garantia dos direitos humanos fundamentais, como o da privacidade, já celebrados desde a Declaração Universal dos Direitos Humanos (DUDH) de 1948.

A base desse pacto é a liberdade, mas o fiel da balança é a transparência. Sendo assim, as leis sobre proteção de dados pessoais têm uma característica muito peculiar de redação principiológica e de amarração com indicadores mais assertivos, de ordem técnica, que permitam auferir de forma auditável se o compromisso está sendo cumprido, por meio da análise de trilhas de auditoria e da implementação de uma série de itens de controle para uma melhor governança dos dados pessoais.

A liderança do debate sobre o tema surgiu na União Europeia (UE), em especial com o partido *The Greens*, e se consolidou na promulgação do Regulamento Geral de Proteção de Dados Pessoais Europeu n. 679, aprovado em 27 de abril de 2016 (GDPR), com o objetivo de abordar a proteção das pessoas físicas no que diz respeito ao tratamento de dados pessoais e à livre circulação desses dados, conhecido pela expressão "*free data flow*". O Regulamento trouxe a previsão de dois anos de prazo de adequação, até 25 de maio de 2018, quando se iniciou a aplicação das penalidades.

Este, por sua vez, ocasionou um "efeito dominó", visto que passou a exigir que os demais países e as empresas que buscassem manter relações comerciais com a UE também deveriam ter uma legislação de mesmo nível que o GDPR. Isso porque o Estado que não possuísse lei de mesmo nível passaria a poder sofrer algum tipo de barreira econômica ou dificuldade de fazer negócios com os países da UE. Considerando o contexto econômico dos últimos anos, esse é um luxo a que a maioria das nações, especialmente as da América Latina, não poderia se dar.

Segundo o preâmbulo (2) e (13) do GDPR, o regulamento tem como objetivo: a) contribuir para a realização de um espaço de liberdade, segurança e justiça e de uma união econômica, para o progresso econômico e social, a consolidação e a convergência das economias no nível do mercado interno e para o bem-estar das pessoas físicas; b) assegurar um nível coerente de proteção das pessoas físicas no âmbito da União e evitar que as divergências constituam um obstáculo à livre circulação de dados pessoais no mercado interno; c) garantir a segurança jurídica e a transparência aos envolvidos no tratamento de dados pessoais, aos órgãos públicos e à sociedade como um todo; d) impor obrigações e responsabilidades iguais aos controladores e processadores, que assegurem um controle coerente do tratamento dos dados pessoais; e) possibilitar uma cooperação efetiva entre as autoridades de controle dos diferentes Estados-Membros.

Destaque-se que a proteção das pessoas físicas relativamente ao tratamento dos seus dados pessoais é um direito fundamental, garantido por diversas legislações em muitos países. Na Europa, já estava previsto na Carta dos Direitos Fundamentais da União Europeia e no Tratado sobre o Funcionamento da União Europeia; no Brasil, já tinha previsão no Marco Civil da Internet e na Lei do Cadastro Positivo, mas a questão ainda era, muitas vezes, observada de forma difusa e sem objetividade no tocante aos critérios que serão considerados adequados para determinar se houve ou não guarda, manuseio e descarte dentro dos padrões mínimos de segurança condizentes.

Foi nisso que a nova legislação inovou, ou seja, padronizou, ou melhor, normalizou, quase como uma norma ISO, o que seriam os atributos qualitativos da proteção dos dados pessoais sem a presença dos quais haveria penalidades. Tamanha sua relevância, a pauta alcançou o nível constitucional, com a alteração trazida pela Emenda n. 115/2022, para centralizar a matéria com competência exclusiva da União.

Os efeitos da legislação de proteção de dados são principalmente econômicos, sociais e políticos. Trata-se de apenas uma das muitas regulamentações que vão surgir nessa linha, em que se busca trazer mecanismos de controle para equilibrar as relações em um cenário de mudança tecnológica, especialmente com a chegada da inteligência artificial.

Nesse sentido, a regulamentação europeia está passando por uma revisão, provocada pelo contexto do Reino Unido pós-Brexit, que busca um caminho próprio para flexibilizar algumas exigências do GDPR, como a necessidade do consentimento explícito e regras diferenciadas para pequenas empresas[1].

Toda legislação que versa sobre tema de tecnologia está sujeita a ficar rapidamente obsoleta, o que exige uma revisão legislativa periódica para acompanhar as transformações tecnológicas. Pode também, em casos de lacuna, ter sua interpretação atualizada pelo Judiciário, como é o caso do Marco Civil da Internet no Brasil, cujo modelo de responsabilidade foi revisto pelo Supremo Tribunal Federal[2].

Por isso, o estudo do tema da privacidade e da proteção de dados exige uma atualização permanente, para acompanhar os novos modelos de negócios e os desafios futuros para garantir os direitos fundamentais do indivíduo na Sociedade Digital e Robótica.

---

1 Essas mudanças encontram-se detalhadas no "Commission Work Programme 2025" e priorizam a simplificação de regras e a implementação eficaz, visando à redução de encargos administrativos e a promoção da prosperidade, competitividade e resiliência da União Europeia, abordando áreas como sustentabilidade, digitalização, defesa e segurança, além de fortalecer o apoio social e a proteção da democracia. Disponível em: https://commission.europa.eu/strategy-and-policy/strategy-documents/commission-work-programme_en#ref-2025-commission-work-programme. Acesso em: 3 jun. 2025.

2 Para maiores detalhes dos votos dos ministros, verificar: https://www.poder360.com.br/poder-justica/leia-as-integras-dos-votos-dos-11-ministros-na-responsabilizacao-das-redes/. Acesso em: 3 jul. 2025.

2.

Como a Lei n. 13.709/2018 está dividida?

A Lei n. 13.709/2018 está dividida em 10 Capítulos, com 65 artigos. Comparativamente, ela é menor que a sua referência europeia (GDPR), que possui 11 Capítulos, com 99 artigos.

- Capítulo I – Disposições Preliminares (arts. 1º a 6º).
- Capítulo II – Do Tratamento de Dados Pessoais (arts. 7º a 16): possui Seção I (Dos Requisitos para o Tratamento dos Dados), Seção II (Do Tratamento de Dados Pessoais Sensíveis), Seção III (Do Tratamento de Dados Pessoais de Crianças e Adolescentes) e Seção IV (Do Término do Tratamento de Dados).
- Capítulo III – Dos Direitos do Titular (arts. 17 a 22).
- Capítulo IV – Do Tratamento de Dados Pessoais pelo Poder Público (arts. 23 a 32): possui Seção I (Das Regras) e Seção II (Da Responsabilidade).
- Capítulo V – Da Transferência Internacional de Dados (arts. 33 a 36).
- Capítulo VI – Dos Agentes de Tratamento de Dados Pessoais (arts. 37 a 45): possui Seção I (Do Controlador e do Operador),

Seção II (Do Encarregado pelo Tratamento de Dados Pessoais) e Seção III (Da Responsabilidade e do Ressarcimento de Danos).

- Capítulo VII – Da Segurança e das Boas Práticas (arts. 46 a 51): possui Seção I (Da Segurança e do Sigilo de Dados) e Seção II (Das Boas Práticas e da Governança).
- Capítulo VIII – Da Fiscalização (arts. 52 a 54): possui Seção I (Das Sanções Administrativas).
- Capítulo IX – Autoridade Nacional de Proteção de Dados (ANPD) e do Conselho Nacional de Proteção de Dados Pessoais e da Privacidade (arts. 55 a 59): possui Seção I (Da Autoridade Nacional de Proteção de Dados Pessoais (ANPD) e Seção II (Do Conselho Nacional de Proteção de Dados Pessoais e da Privacidade).
- Capítulo X – Disposições Finais e Transitórias (arts. 60 a 65).

Portanto, a versão nacional é mais enxuta e em alguns aspectos deixou margem para interpretação mais ampla. Além disso, houve, inicialmente, o veto presidencial no tocante à criação da Autoridade Nacional de Proteção de Dados Pessoais e do Conselho Nacional de Proteção de Dados Pessoais e da Privacidade. O que depois foi alterado pela MP n. 869/2018 e pela Lei n. 13.853/2019.

Na época, foi muito discutido, pois o veto à criação da ANPD geraria uma lacuna inicial estruturante no projeto de implementação da nova regulamentação no país, além de não permitir que o Brasil recebesse o reconhecimento por parte da União Europeia de legislação de mesmo nível do GDPR, pois um dos requisitos é a existência de uma autoridade nacional de fiscalização independente, o que poderia não apenas dificultar a aplicação e fiscalização das medidas propostas, mas também criar um entrave nas relações comerciais para o Brasil.

Por certo, há a possibilidade de a fiscalização ocorrer por intermédio dos agentes legitimados para tanto, como o Ministério

Público; no entanto, isso pode gerar alguns entraves, visto que a matéria é nova e de ordem técnica elevada, e a centralização do diálogo com um único órgão central fiscalizador facilitaria sobremaneira os avanços na implementação das novas exigências, visto que o órgão foi pensado para garantir o cumprimento e o melhor proveito da regulamentação, por meio de normas complementares, pareceres técnicos e procedimentos de inspeção, devendo concentrar ali uma equipe treinada para tanto.

Ainda que seja por uma boa causa, a implementação da conformidade à LGPD traz um impacto grande nas instituições, podendo inclusive contribuir para o aumento do "custo Brasil", especialmente nos setores de *startups*, pequenas empresas e no setor público, com especial atenção aos que tratam muitos dados pessoais sensíveis, como os de saúde.

No Brasil, a atualização da LGPD tem ocorrido por meio das resoluções da ANPD[1], assim como o alinhamento interpretativo vem sendo feito com as notas técnicas emitidas a partir dos casos administrativos. Mas também o Legislativo tem trazido propostas, a partir de projetos de lei que visam ajustar ou flexibilizar a aplicação da LGPD.

Mas é importante ter em mente que não basta ter a lei de proteção de dados pessoais, é preciso educar, capacitar. Por isso a importância do papel orientativo da Autoridade (ANPD) e a relevância de sua atuação proativa junto à sociedade e às instituições, para encontrar medidas viáveis de implementação da nova regulamentação, que gerem menor impacto possível nos setores produtivos e que sejam adaptados e aderentes aos usos e costumes.

---

1 Para acompanhar as resoluções da ANPD, acesse: https://www.gov.br/anpd/pt-br/acesso-a-informacao/institucional/atos-normativos/regulamentacoes_anpd. Acesso em: 30 maio 2025.

3.

Atualizações da Lei n. 13.709/2018

Apesar de ser uma legislação bem recente, podemos afirmar que a LGPD já passou por algumas atualizações relevantes, iniciadas desde a MP n. 869, de dezembro de 2018, que foi motivada essencialmente com a intenção de criar a Autoridade Nacional de Proteção de Dados (ANPD), uma importante figura para a garantia da eficácia e aplicação prática das normas trazidas com a regulação de proteção de dados no Brasil e para se alcançar o mesmo nível de adequação do Regulamento GDPR, e também com a finalidade de ampliação do prazo para sua entrada em vigor.

Desde a publicação da MP n. 869, em dezembro de 2018, até sua aprovação em maio de 2019, aconteceu muita discussão em torno das alterações propostas, principalmente porque no texto da LGPD previa-se uma Autoridade Nacional (ANPD) diferente do que a MP n. 869 efetivamente entregou. Com a transformação da MP n. 869 em lei, por meio da Lei n. 13.853, de 8 de julho de 2019, observou-se que a LGPD foi reativada em alguns trechos que a MP n. 869 pretendia suprimir, algumas modificações propostas pela MP foram mantidas e outros aspectos foram alterados por um novo texto inaugurado pela Lei n. 13.853. Por fim, foram feitas novas alterações em 2022, por meio da Lei n. 14.460, a qual revogou alguns dispositivos da Lei n. 13.853, de 8 de julho de 2019.

A ANPD foi criada para centralizar a interpretação da LGPD, a fim de trazer mais segurança e estabilidade para a sua aplicação no Brasil, assim como para coordenar os esforços internacionais junto às autoridades dos demais países.

Em resumo, algumas das modificações feitas à LGPD, conforme a tabela a seguir (note-se que a tabela está atualizada com as modificações recebidas com a MP n. 869, a Lei n. 13.853/2019, o Veto n. 24, de outubro de 2019, e a Lei n. 14.460, de 25 de outubro de 2022):

PRINCIPAIS ATUALIZAÇÕES DA LEI N. 13.709/2018 (LGPD)	
ARTIGOS DA LGPD ALTERADOS PELA LEI N. 13.853/2019	**COMENTÁRIOS**
Art. 1º, § 1º	Acrescentou-se que as normas gerais contidas no regulamento são de interesse nacional e devem ser observadas pela União, Estados, Distrito Federal e Municípios. Dessa forma, a MP trouxe a obrigatoriedade de observância da Lei por todos os entes federativos.
Art. 4º, § 4º	Na primeira versão da LGPD, a proibição do tratamento integral de informações classificadas dentro dos requisitos do art. 4º, III, era total e expressa em relação a uma pessoa de direito privado. Com o art. 4º, § 4º, com a redação dada pela Lei n. 13.853/2019, tal proibição ganha uma exceção: se a pessoa de direito privado possuir capital integralmente constituído pelo Poder Público, poderá sim realizar o tratamento de dados elencados no art. 4º, III, da LGPD.
Art. 5º, VIII **Art. 5º, XVIII e XIX**	Em seu texto original, a LGPD previa em seu art. 5º, VIII, a obrigatoriedade de o *encarregado de dados* ser pessoa física, com as atualizações essa obrigação deu lugar à possibilidade de se indicar uma pessoa física ou jurídica, podendo, portanto, o encarregado ser também pessoa jurídica, ou mesmo um terceirizado,

Art. 5º, VIII **Art. 5º, XVIII e XIX**	tornando a lei mais adequada à tendência global e abrindo possibilidades para empresas oferecerem esse tipo de serviço. Em relação a esse aspecto, a lei não é clara sobre a possibilidade ou não do fornecimento do serviço de encarregado de maneira automatizada, abrindo a possibilidade para que as empresas fornecedoras desse tipo de serviço desenvolvam "*softwares* encarregados (DPO-Bot)" para lidar com a demanda. As atualizações na lei também adicionaram a necessidade de tanto o Controlador quanto o Operador indicarem um Encarregado e não somente o Controlador, como previa o texto legal anterior. Essa alteração torna o processo de comunicação entre Controladores/Operadores e Autoridade e/ou titular mais ágil e direto. Ainda no art. 5º, em seu inciso XIX, a LGPD considerava que a Autoridade Nacional seria um órgão da administração pública indireta, o que poderia restringir a sua atuação. Com a Lei n. 13.853/2019, a palavra indireta foi suprimida, garantindo assim que a Autoridade Nacional seja um órgão que pertence à administração pública e, por isso, possua competência em todo o território nacional e tenha autonomia somente decisória e técnica, já que não mais se configura como uma autarquia ou agência e sim um órgão vinculado ao Poder Executivo. Mas devemos ficar atentos, pois ainda no art. 55-A, § 1º, a redação continua dizendo que a ANPD é da administração pública federal indireta (talvez um mero equívoco ainda ter ficado o termo indireto aqui).
Art. 7º, VIII **Art. 7º, § 1º** **Art. 7º, § 2º** **Art. 7º, § 7º**	Outra alteração importante aconteceu em relação aos dados pessoais de saúde. Isso porque o art. 7º da LGPD determina em seu § 7º algumas especificações para o tratamento posterior dos dados pessoais de saúde, cujo acesso é público ou é tornado público, manifestamente, pelo titular de dados.

Art. 7º, VIII **Art. 7º, § 1º** **Art. 7º, § 2º** **Art. 7º, § 7º**	No art. 7º, VIII, garante-se exclusividade do tratamento de dados pessoais de saúde aos profissionais de saúde, serviços de saúde e autoridade sanitária, delimitando as bases legais para o tratamento desses dados. A Lei n. 13.853 ainda revogou o art. 7º, § 1º e § 2º, permitindo que o ente de tratamento que realiza tratamento de dados pessoais de saúde não informe ao titular dos dados quando seus dados forem tratados em hipóteses de cumprimento de obrigação legal ou regulatória pelo controlador, incluindo, nesse aspecto, o Poder Público. Isso garante que os dados sensíveis de saúde necessários à execução de políticas públicas possam continuar a serem utilizados pelos órgãos governamentais sem a necessidade de informar ao titular de dados. E garantiu a possibilidade de acrescentar novas finalidades ao tratamento de dados pessoais de saúde, cujos dados são de acesso público ou tornados públicos pelo titular, de acordo com as necessidades do tratamento, com a adição do art. 7º, § 7º.
Art. 11, *f* **Art. 11, § 4º** **Art. 11, § 5º**	A Lei n. 13.853 também alterou o tratamento de dados sensíveis de saúde por meio do art. 11, *f*, § 4º e seus incisos e § 5º. Tais modificações trouxeram a possibilidade de compartilhamento de dados pessoais sensíveis, relativos à saúde, entre controladores, para a prestação de serviços de saúde, de assistência farmacêutica e de assistência à saúde. Essa possibilidade é válida até mesmo nas situações em que os entes buscam a obtenção de vantagem econômica, sob a ressalva de que seja em benefício dos interesses dos titulares de dados. Ao mesmo tempo, o art. 11, § 5º, exclui a possibilidade de tratamento de dados sensíveis de saúde para a realização de análise e seleção de riscos ou contratação e exclusão de beneficiários.

Art. 18, V **Art. 18, § 6º**	No que diz respeito à regulação da portabilidade dos dados pessoais, o art. 18 apresenta alterações no inciso V e no § 6º e prevê que a Autoridade Nacional ficará responsável por regulamentar a portabilidade dos dados em tratamento, observando os segredos comercial e industrial. O art. 18, § 6º, acrescenta ainda a possibilidade de o controlador não comunicar os demais agentes de tratamento que tenham realizado uso compartilhado de dados se esta comunicação for comprovadamente impossível ou implique esforço desproporcional. Todavia, o parágrafo peca ao não especificar ou quantificar o grau de esforço que pode ser considerado desproporcional.
Art. 20, *caput* **Art. 20, § 1º e § 2º**	Outra situação que foi alterada pela Lei n. 13.853 concerne ao direito do titular de pedir revisão de decisão tomada unicamente com base em tratamento automatizado de dados pessoais que afetem seus interesses, incluindo decisões destinadas a definir perfil pessoal, profissional, de consumo e de crédito. Cabe ao controlador fornecer as informações claras e adequadas sobre os critérios, sendo observados os segredos comercial e industrial.
Art. 23, III e IV	A Lei n. 13.853 manteve o escopo do inciso III com a exigência de que seja indicado um Encarregado de Dados (DPO) quando houver tratamento de dados pessoais nos termos do art. 39, mas vetou o inciso IV que havia sido incluído pela MP n. 869 e que visava acrescentar mais uma especificação para o tratamento de dados realizado pelos entes públicos com o objetivo de proteger e preservar os dados pessoais dos requerentes da Lei de Acesso à Informação, vedando o compartilhamento na esfera do poder público e com pessoas jurídicas de direito privado.

Art. 26, IV e V	A Lei n. 13.853 legitimou a possibilidade da transferência de dados pessoais do Poder Público para entidades privadas nas situações em que há a previsão legal, na existência de contratos, convênios, congêneres ou para a prevenção de fraudes e irregularidades, segurança ou ainda para garantir a integridade do titular dos dados. Essa alteração é interessante para os entes privados como um aliado na prevenção ao crime, tendo em vista que todo Controlador deverá ter um encarregado de proteção de dados constituído e com essa abertura poderá – por meio de contratos – garantir a prevenção a fraudes com ajuda do Poder Público, inclusive para transferência de dados do titular, independentemente do consentimento desse sujeito de direito.
Art. 27, parágrafo único	Apesar de a Lei n. 13.853 garantir aberturas e maior flexibilidade nas possibilidades de compartilhamento de dados entre os entes públicos e privados, a norma não deixou de se preocupar com a transparência de tais relações. Por isso mesmo, acrescentou um parágrafo único ao art. 27 da LGPD pontuando a necessidade de realizar a comunicação à ANPD quando houver o compartilhamento de dados pessoais entre Pessoa Jurídica de Direito Público e Pessoa Jurídica de Direito Privado. A maneira pela qual tal comunicação deverá ser realizada será objeto de regulamentação posterior pela Autoridade Nacional de Proteção de Dados.
Art. 29	A relevância da ANPD na fiscalização das relações entre os entes públicos e privados foi assegurada por meio do art. 29, no qual a Lei n. 13.853 adicionou a possibilidade de solicitação de informações pela Autoridade Nacional aos órgãos e entidades governamentais.

Art. 41, § 4º	A MP n. 869 fez algumas alterações em relação à figura do Encarregado de Dados, pontuando no art. 41, § 4º, os requisitos mínimos necessários para o encarregado poder desempenhar a sua função. Dentre tais requisitos, destacava-se a necessidade de o encarregado deter conhecimentos jurídicos-regulatórios e ser apto a prestar serviços especializados em proteção de dados. No entanto, a Lei n. 13.853/2019 vetou tal inciso, não havendo mais exigências na lei de um perfil específico para o encarregado (DPO). Apesar disso, ficou mantido que a Autoridade (ANPD) poderá estabelecer normas complementares sobre a definição e atribuições do Encarregado, inclusive sobre hipóteses de dispensa de sua indicação conforme natureza e porte da entidade e volume de tratamento de dados (semelhante ao que existe no GDPR, mas lá já previsto no próprio regulamento, aqui a depender da ANPD).
Art. 52, X, XI e XII e § 3º e § 6º	A questão das penalidades foi um dos pontos que ficou indo e vindo na lei, com mudanças ocorridas com a MP n. 869, depois com a Lei n. 13.853 e depois por meio do Veto n. 24/2019 recebido pelo Congresso Nacional. Ao final, os vetos foram rejeitados e prevaleceu a previsão da suspensão parcial do funcionamento do banco de dados, a suspensão do exercício da atividade de tratamento de dados pessoais e a proibição parcial ou total do exercício das atividades relacionadas a tratamento de dados pessoais, todavia só podem ser aplicadas após já ter sido imposta uma das sanções previstas nos incisos I, III, IV, V e VI do *caput* do art. 52. E se o controlador estiver submetido a outro órgão (ex: Bacen, Anatel), este deve ser ouvido antes. No § 5º, o art. 52 pontua a destinação da arrecadação das multas aplicadas pela ANPD que irão para o Fundo de Defesa de Direitos Difusos e reforça o sistema de gradação das sanções.

Art. 52, X, XI e XII e § 3º e § 6º	O artigo ainda se preocupa em destacar que no caso de controladores submetidos a outros órgãos ou entidades com competências sancionatórias a ANPD poderá agir em conjunto, mas os conflitos envolvendo proteção de dados são de competência exclusiva da ANPD.
Art. 52, § 7º	Há um ponto muito relevante trazido pela atualização da lei que traz a possibilidade de conciliação direta entre controlador e titular nos casos de vazamentos individuais ou os acessos não autorizados de que trata o art. 46.
Art. 55-A	No art. 55-A a lei versa sobre a natureza jurídica da ANPD. A Lei n. 13.853 havia criado a ANPD como um ente vinculado à Presidência da República, no entanto o § 1º aduzia que essa sua natureza jurídica era transitória e poderia ser transformada em autarquia após 2 anos, mediante proposta do Poder Executivo. Com a alteração em 2022, a ANPD teve sua natureza jurídica determinada, como sendo uma autarquia de natureza especial, dotada de autonomia técnica e decisória, com patrimônio próprio e com sede e foro no Distrito Federal.
Art. 55-C	A composição da Autoridade é prevista no art. 55-C da Lei n. 13.853. O artigo pontua que a ANPD será composta por 6 elementos: i) Conselho Diretor; ii) Conselho Nacional de Proteção de Dados Pessoais e da Privacidade; iii) Corregedoria; iv) Ouvidoria; v) (revogado); (Redação dada pela Lei n. 14.460, de 2022); V-A – Procuradoria; e vi) unidades administrativas e unidades especializadas necessárias à aplicação do disposto nesta Lei.
Art. 55-J	No que diz respeito às competências da ANPD elencadas no art. 55-J, é possível destacar: – zelar pela proteção dos dados pessoais, nos termos da legislação; – elaborar diretrizes para a Política Nacional de Proteção de Dados Pessoais e da Privacidade; – fiscalizar e aplicar sanções em caso de tratamento de dados realizado em descumprimento à legislação, mediante processo administrativo que assegure o contraditório, a ampla defesa e o direito de recurso;

Art. 55-J	– apreciar petições de titular contra controlador após comprovada pelo titular a apresentação de reclamação ao controlador não solucionada no prazo estabelecido em regulamentação; – promover na população o conhecimento das normas e das políticas públicas sobre proteção de dados pessoais e das medidas de segurança; – solicitar, a qualquer momento, às entidades do poder público que realizem operações de tratamento de dados pessoais informe específico sobre o âmbito, a natureza dos dados e os demais detalhes do tratamento realizado, com a possibilidade de emitir parecer técnico complementar para garantir o cumprimento desta Lei; – realizar auditorias, ou determinar sua realização, no âmbito da atividade de fiscalização de que trata o inciso IV e com a devida observância do disposto no inciso II do *caput* deste artigo, sobre o tratamento de dados pessoais efetuado pelos agentes de tratamento, incluído o poder público; – editar normas, orientações e procedimentos simplificados e diferenciados, inclusive quanto aos prazos, para que microempresas e empresas de pequeno porte, bem como iniciativas empresariais de caráter incremental ou disruptivo que se autodeclarem *startups* ou empresas de inovação, possam adequar-se a esta Lei; – garantir que o tratamento de dados de idosos seja efetuado de maneira simples, clara, acessível e adequada ao seu entendimento, nos termos desta Lei e da Lei n. 10.741, de 1º de outubro de 2003 (Estatuto do Idoso). É relevante pontuar que o art. 55-K deixa claro que compete *exclusivamente* à ANPD a aplicação das sanções previstas na LGPD, e que suas competências prevalecerão, no que se refere à proteção de dados pessoais, sobre as competências correlatas de outras entidades ou órgãos da administração pública.

Art. 55-M	Incluído pela Lei n. 14.460, de 2022, esse artigo dispõe sobre os bens e direitos de patrimônio da ANPD, os quais se limitam àqueles que lhe forem transferidos pelos órgãos da Presidência da República; ou ainda que a ANPD venha a adquirir ou a incorporar (relevante tendo em vista as discussões recentes sobre o Marco da IA).
Art. 65, II	Outra novidade importante trazida com a Lei n. 13.853 foi a alteração do início da vigência da LGPD. O texto original previa que a LGPD passaria a vigorar a partir de 18 meses após a publicação da Lei n. 13.709, no entanto, com a alteração, esse prazo se estendeu para 24 meses a partir da data de publicação da LGPD. Dessa forma, a LGPD entra em vigor em agosto de 2020 e não mais em fevereiro de 2020.

Importa destacar ainda que no ano de 2022 a temática da Lei Geral de Proteção de Dados (LGPD) foi objeto de enunciados da IX Jornada de Direito Civil do Conselho de Justiça Federal (CJF), onde os temas de Direito Digital constaram pela primeira vez, em homenagem aos 20 anos do Novo Código de Direito Civil. Os seguintes enunciados foram aprovados[1]:

ENUNCIADOS APROVADOS NA IX JORNADA DE DIREITO CIVIL		
Área	**N.**	**Enunciado**
Direito Digital e Novos Direitos	**677**	A identidade pessoal também encontra proteção no ambiente digital.

1 Disponível em: http://cjf.jus.br/cjf/corregedoria-da-justica-federal/centro-de-estudos-judiciarios-1/publicacoes-1/jornadas-cej/enunciados-aprovados-2022-vf.pdf.

Direito Digital e Novos Direitos	**678**	Ao tratamento de dados realizado para os fins exclusivos elencados no inciso III do art. 4º da Lei Geral de Proteção de Dados (segurança pública, defesa nacional; segurança do Estado e atividades de investigação e repressão de infrações penais), aplicam-se o devido processo legal, os princípios gerais de proteção e os direitos do titular previstos na LGPD, sem prejuízo de edição de legislação específica futura.
Direito Digital e Novos Direitos	**679**	O Relatório de Impacto à Proteção de Dados Pessoais (RIPD) deve ser entendido como uma medida de prevenção e de *accountability* para qualquer operação de tratamento de dados considerada de "alto risco", tendo sempre como parâmetro o risco aos direitos dos titulares.
Direito Digital e Novos Direitos	**680**	A Lei Geral de Proteção de Dados Pessoais não exclui a possibilidade de nomeação pelo controlador de pessoa jurídica, ente despersonalizado ou de mais de uma pessoa natural para o exercício da função de encarregado pelo tratamento de dados pessoais.
Direito Digital e Novos Direitos	**681**	A existência de documentos em que há dados pessoais sensíveis não obriga à decretação do sigilo processual dos autos. Cabe ao juiz, se entender cabível e a depender dos dados e do meio como produzido o documento, decretar o sigilo restrito ao documento específico.
Direito Digital e Novos Direitos	**682**	O consentimento do adolescente para o tratamento de dados pessoais, nos termos do art. 14 da LGPD, não afasta a responsabilidade civil dos pais ou responsáveis pelos atos praticados por aquele, inclusive no meio digital.

Direito Digital e Novos Direitos	**683**	A legítima expectativa do titular quanto ao tratamento de seus dados pessoais se relaciona diretamente com o princípio da boa-fé objetiva e é um dos parâmetros de legalidade e juridicidade do legítimo interesse.
Direito Digital e Novos Direitos	**684**	O art. 14 da Lei n. 13.709/2018 (Lei Geral de Proteção de Dados – LGPD) não exclui a aplicação das demais bases legais, se cabíveis, observado o melhor interesse da criança.
Direito Digital e Novos Direitos	**685**	O interesse legítimo do terceiro, mencionado no inciso IX do art. 7º da Lei Geral de Proteção de Dados, não se restringe à pessoa física ou jurídica singularmente identificadas, admitindo-se sua utilização em prol de grupos ou da coletividade para atividades de tratamento que sejam de seu interesse.
Direito Digital e Novos Direitos	**688**	A Lei de Acesso à Informação (LAI) e a Lei Geral de Proteção de Dados Pessoais (LGPD) estabelecem sistemas compatíveis de gestão e proteção de dados. A LGPD não afasta a publicidade e o acesso à informação nos termos da LAI, amparando-se nas bases legais do art. 7º, II ou III, e art. 11, II, *a* ou *b*, da Lei Geral de Proteção de Dados[2].

2 Nesse sentido, imperioso destacar o veto parcial ao Projeto de Lei n. 4.015/2023, cujos arts. 9º e 10 dificultariam muito que cidadãos soubessem quanto recebem os promotores, procuradores e juízes do país:

"Art. 9º O Capítulo II da Lei n. 13.709, de 14 de agosto de 2018 (Lei Geral de Proteção de Dados Pessoais), passa a vigorar acrescido da seguinte Seção III-A:

'Seção III-A

Do Tratamento de Dados Pessoais dos Membros do Poder Judiciário, do Ministério Público e da Defensoria Pública e dos Oficiais de Justiça

Art. 14-A. No tratamento de dados pessoais de membro do Poder Judiciário, do Ministério Público e da Defensoria Pública e de oficial de justiça, sempre será levado em consideração o risco inerente ao desempenho de suas atribuições.

Direito Digital e Novos Direitos	**689**	Não há hierarquia entre as bases legais estabelecidas nos arts. 7 e 11 da Lei Geral de Proteção de Dados (Lei n. 13.709/2018).
Direito Digital e Novos Direitos	**690**	A proteção ampliada conferida pela LGPD aos dados sensíveis deverá ser também aplicada aos casos em que houver tratamento sensível de dados pessoais, tal como observado no § 1º do art. 11 da LGPD.

Parágrafo único. Em relação aos dados pessoais a que se refere o *caput* deste artigo, qualquer vazamento ou acesso não autorizado que possa representar risco à integridade de seu titular será comunicado à autoridade nacional, a quem competirá, em caráter de urgência, a adoção das medidas cabíveis a fim de reverter ou mitigar os efeitos do incidente.'"

Art. 10 do Projeto de Lei

"Art. 10. O art. 52 da Lei n. 13.709, de 14 de agosto de 2018 (Lei Geral de Proteção de Dados Pessoais), passa a vigorar acrescido do seguinte § 2º-A:

'Art. 52. [...]

§ 2º-A. A pena de multa, simples ou diária, será aplicada em dobro em caso de infração praticada em detrimento de dados pessoais de membro do Poder Judiciário, do Ministério Público e da Defensoria Pública e de oficial de justiça, sem prejuízo da responsabilidade civil e criminal.

[...]'" (NR)

Razões dos vetos:

"Em que pese a boa intenção do legislador, os dispositivos contrariam o interesse público, pois a Lei n. 13.709, de 14 de agosto de 2018 – **Lei Geral de Proteção de Dados já confere proteção suficiente** em relação aos dados pessoais de agentes públicos, e os dispositivos propostos **poderiam implicar na restrição da transparência, e da possibilidade de fiscalização dos gastos públicos pela sociedade, sobretudo da remuneração dos servidores envolvidos.**"

"Ouvidos o Ministério da Justiça e Segurança Pública e a Advocacia-Geral da União, manifestaram-se pelo veto ao seguinte dispositivo do Projeto de Lei:"

O Projeto veio a ser sancionado após veto parcial, tratando-se hoje da Lei n. 15.134/2025. Fontes: https://www.planalto.gov.br/ccivil_03/_ato2023-2026/2025/Msg/Vep/VEP-552-25.htm; https://www1.folha.uol.com.br/opiniao/2025/05/a-privacidade-como-pretexto-para-ferir-a-transparencia-publica.shtm.

Direito Digital e Novos Direitos	**691**	A possibilidade de divulgação de dados e imagens de crianças e adolescentes na internet deve atender ao seu melhor interesse e ao respeito aos seus direitos fundamentais, observados os riscos associados à superexposição.
Direito Digital e Novos Direitos	**692**	Aplica-se aos conceitos de criança e adolescente, dispostos no art. 14 da Lei Geral de Proteção de Dados, o contido no art. 2º do Estatuto da Criança e do Adolescente.
Direito Digital e Novos Direitos	**693**	A proteção conferida pela LGPD não se estende às pessoas jurídicas, tendo em vista sua finalidade de proteger a pessoa natural.

Esses Enunciados são de suma importância, pois poderão balizar a interpretação judicial sobre a matéria relacionada às questões de proteção de dados e a interpretação da Lei n. 13.709/2018 (LGPD) no âmbito do Judiciário Brasileiro, bem como servir de referência para melhorias da lei, a serem aplicadas tanto pela ANPD como pelo Legislativo.

Um exemplo disso foi o Enunciado n. 01 CD/ANPD, de 24 de maio de 2023[3], sobre o tratamento de dados pessoais da criança e do adolescente, emitido a partir da recomendação feita pelo Conselho Nacional de Proteção de Dados Pessoais e da Privacidade (CNPD), na época com Grupo de Trabalho (GT) sob a minha coordenação como conselheira titular. O objetivo foi harmonizar a interpretação de que os dados da criança e do adolescente podem ser tratados com base nas hipóteses legais dos arts. 7º e 11, desde que observado e prevalescente o seu melhor interesse, conforme o art. 14.

---

3 Disponível em: https://www.gov.br/anpd/pt-br/assuntos/noticias/anpd-divulga-enunciado--sobre-o-tratamento-de-dados-pessoais-de-criancas-e-adolescentes/Enunciado1ANPD.pdf. Acesso em: 30 maio 2025.

Além disso, a LGPD vem sendo regulamentada pela ANPD, por meio de resoluções, conforme a tabela-resumo a seguir:

TABELA DECRESCENTE DAS RESOLUÇÕES CD/ANPD (2024-2021)		
Ato	**Ementa**	***Status***
Resolução n. 23, de 9 de dezembro de 2024	Aprova a Agenda Regulatória para o biênio 2025-2026.	Vigente
Resolução CD/ANPD n. 19, de 23 de agosto de 2024	Aprova o Regulamento de Transferência Internacional de Dados e o conteúdo das cláusulas-padrão contratuais.	Vigente
Resolução CD/ANPD n. 18, de 16 de julho de 2024	Aprova o Regulamento sobre a atuação do encarregado pelo tratamento de dados pessoais.	Vigente
Resolução CD/ANPD n. 15, de 24 de abril de 2024	Aprova o Regulamento de Comunicação de Incidente de Segurança.	Vigente
Resolução CD/ANPD n. 11, de 27 de dezembro de 2023	Altera a Agenda Regulatória para o biênio 2023-2024.	Vigente
Resolução CD/ANPD n. 10, de 5 de dezembro de 2023	Aprova o Mapa de Temas Prioritários para o biênio 2024-2025 e dispõe sobre a periodicidade do Ciclo de Monitoramento. O ANEXO II desta Resolução é a Nota Técnica n. 19/2023/FIS/CGF/ANPD.	Vigente

Resolução CD/ ANPD n. 5, de 13 de março de 2023	Aprova a Agenda de Avaliação de Resultado Regulatório para o período 2023-2026.	Vigente
Resolução CD/ ANPD n. 4, de 24 de fevereiro de 2023	Aprova o Regulamento de Dosimetria e Aplicação de Sanções Administrativas.	Vigente
Resolução CD/ ANPD n. 2, de 27 de janeiro de 2022	Aprova o Regulamento de aplicação da Lei n. 13.709, de 14 de agosto de 2018, Lei Geral de Proteção de Dados Pessoais (LGPD), para agentes de tratamento de pequeno porte.	Vigente com alterações pela Resolução CD/ ANPD n. 15, de 24 de abril de 2024
Resolução CD/ ANPD n. 1, de 28 de outubro de 2021	Aprova o Regulamento do Processo de Fiscalização e do Processo Administrativo Sancionador no âmbito da Autoridade Nacional de Proteção de Dados.	Vigente com retificações pela Resolução CD/ ANPD n. 4, de 24 de fevereiro de 2023

4.
Conceitos e terminologias

Alguns conceitos e terminologias trazidos pela lei são fundamentais e devem ser objeto de harmonização em documentos, com especial atenção às políticas, às normas, aos procedimentos e aos contratos.

- **Titular**

  Pessoa a quem se referem os dados pessoais que são objeto de algum tratamento. É sempre uma pessoa física, natural[1].

- **Tratamento dos dados**

  Toda operação realizada com algum tipo de manuseio de dados pessoais: coleta, produção, recepção, classificação, utilização, acesso, reprodução, transmissão, distribuição, processamento, arquivamento, armazenamento, edição, eliminação, avaliação ou controle da informação, modificação, comunicação, transferência, difusão ou extração.

---

1 Importante lembrar que toda pessoa jurídica (PJ) tem seu sócio ou representante. Neste sentido é comum em um cadastro de PJ acabar também sendo composta uma base de dados pessoais devido aos titulares (pessoas físicas) a ela relacionadas. Seja caso de EIRELI, MEI, outras.

- **Dados pessoais**

  Toda informação relacionada a uma pessoa identificada ou identificável, não se limitando, portanto, a nome, sobrenome, apelido, idade, endereço residencial ou eletrônico, podendo incluir dados de localização, placas de automóvel, perfis de compras, número do *Internet Protocol* (IP), dados acadêmicos, histórico de compras, entre outros. Sempre relacionados a pessoa natural viva[2].

- **Dados pessoais sensíveis**

  São dados que estejam relacionados a características da personalidade do indivíduo e suas escolhas pessoais, tais como origem racial ou étnica, convicção religiosa, opinião política, filiação a sindicato ou a organização de caráter religioso, filosófico ou político, dado referente a saúde ou a vida sexual, dado genético ou biométrico, quando vinculado a uma pessoa natural.

- **Dados anonimizados**

  São os dados relativos a um titular que não possa ser identificado, considerando a utilização de meios técnicos razoáveis e disponíveis na ocasião do seu tratamento.

---

2 O regulamento de proteção de dados pessoais europeu, o GDPR (2016/679), menciona expressamente que o regulamento não se aplica aos dados pessoais de pessoas falecidas, em seu considerando de número 27. A LGPD, por sua vez, embora não faça a menção expressa quanto a não aplicação, estabelece em seu art. 1º que a legislação se aplica aos dados pessoais da pessoa natural. No ordenamento jurídico brasileiro, a existência da pessoa natural termina com a morte, nos termos do art. 6º do Código Civil. Dessa forma, pode-se inferir que, assim como o GDPR, a LGPD não se aplica aos dados pessoais de pessoas falecidas.

- **Anonimização**

  Utilização de meios técnicos razoáveis e disponíveis no momento do tratamento, por meio dos quais um dado perde a possibilidade de associação, direta ou indireta, a um indivíduo.

- **Consentimento**

  Manifestação livre, informada e inequívoca pela qual o titular concorda com o tratamento de seus dados pessoais para uma finalidade determinada. Não é o único motivo que autoriza o tratamento de dados, mas apenas uma das hipóteses previstas de base legal para legitimar o tratamento.

- **Agentes de tratamento**

  O controlador é a pessoa natural ou jurídica que recepciona os dados pessoais dos titulares de informações por meio do consentimento ou por hipóteses de exceção. Já o operador é pessoa natural ou jurídica que realiza algum tratamento de dados pessoais motivado por contrato ou obrigação legal.

  Importante pontuar que tanto o controlador quanto o operador são as figuras que têm o papel institucional, quando tomam decisões, no caso do controlador, ou realizam atividades sob ordem e comando, no caso do operador, e não os colaboradores, servidores ou trabalhadores de tais pessoas naturais ou jurídicas.

  Isso quer dizer que o papel de controlador e de operador sempre estará vinculado a esta figura institucional, e não poderá ser apontado a um empregado específico da empresa, pois a capacidade de decisão e realização de atividades é sempre da instituição e não do funcionário[3].

3 Este também é o entendimento já consagrado nos países sujeitos ao regulamento de proteção de dados pessoais europeu, o GDPR (2016/679) que é a norma inspiradora

Um exemplo bastante prático e visual de tal situação, no caso de pessoa natural, é quando uma família realiza a contratação de uma empregada doméstica: é um claro exemplo de uma pessoa física que tem o papel de controlador no tratamento dos dados trabalhistas de um funcionário. Nesta situação é possível enxergar uma pessoa natural agindo como controlador de dados.

Porém, uma pessoa natural que trabalhe em uma empresa não atua como operadora em relação ao tratamento de dados pessoais a que tiver acesso na empresa, pois esse papel é atribuído institucionalmente à empresa. Se essa empresa, por sua vez, terceirizar o tratamento com alguém de fora, seja uma pessoa física, seja jurídica, aí sim, nessa hipótese, esse terceiro assumirá o papel de operador, havendo um vínculo controlador-operador e uma limitação para o tratamento dos dados pessoais. Apenas quem detém o papel de controlador possui autonomia no tratamento de dados pessoais, por isso também podem ocorrer situações

---

da lei brasileira, conforme descrito abaixo na manifestação já realizada pelo Information Commissioner's Office (ICO), órgão do Reino Unido equivalente à Agência Nacional de Proteção de Dados. Fonte: ICO. Disponível em: https://ico.org.uk/for-organisations/uk-gdpr-guidance-and-resources/controllers-and-processors/controllers-and-processors/what-are-controllers-and-processors/. Acesso em: 31 mar. 2025.

"O Information Commissioner's Office – ICO (autoridade de proteção de dados do Reino Unido) já esclareceu que os empregados do controlador não são operadores: 'Employees of the controller are not processors. As long as they are acting within the scope of their duties as an employee, they are acting as an agent of the controller itself. They are part of the controller, not a separate party contracted to process data on the controller's behalf'".

Não obstante, a Autoridade Nacional de Proteção de Dados (ANPD) mantém referido posicionamento no Guia Orientativo emitido em maio de 2021, e atualizado em abril de 2022, para Definições dos Agentes de Tratamento de Dados Pessoais e do Encarregado. Conforme o Guia, os agentes de tratamento devem ser definidos a partir de seu caráter institucional, não sendo considerados controladores (autônomos ou conjuntos) ou operadores os indivíduos subordinados, tais como os funcionários, os servidores públicos ou as equipes de trabalho de uma organização, já que atuam sob o poder diretivo do agente de tratamento.

em que haja mais de um controlador, entendido por cocontroladores ou controladores concorrentes.

- **Encarregado**

Pessoa indicada pelo controlador, que atua como canal de comunicação entre o controlador e os titulares e a autoridade nacional.

O encarregado, também chamado de Data Protection Officer (DPO), pode ser tanto uma pessoa física como uma pessoa jurídica, interno ou externo, individual ou atuando de forma colegiada como em um comitê.

Portanto, é possível nomear um colaborador interno para ocupar essa posição, assim como é possível contratar uma empresa que preste este tipo de serviço, conhecido por "*DPO as a service*"[4].

A LGPD previu que tanto o controlador como o operador podem indicar o encarregado[5], entretanto atribuiu o dever apenas ao controlador, em seu art. 41.

A Resolução CD/ANPD n. 2/2022, que regula a aplicação da LGPD para agentes de pequeno porte, trata da exceção de nomeação do encarregado para agentes de pequeno porte[6] em seu

---

4 A função de DPO pode ser exercida em uma prestação de serviço que poderá envolver até atividades automatizadas, com uso de *bots* conhecidos por "DPO *Bots*". Também é possível prestar o serviço de "DPO *Share*" quando uma Associação contrata o serviço de DPO para ser compartilhado entre os associados para atender as particularidades de um setor específico.

5 Conforme art. 5º, VIII, da LGPD.

6 São considerados agentes de pequeno porte, nos termos no inciso I do art. 2º da Resolução CD/ANPD n. 2/2022, as microempresas, empresas de pequeno porte, *startups*, pessoas jurídicas de direito privado, inclusive sem fins lucrativos, nos termos da legislação vigente, bem como pessoas naturais e entes privados despersonalizados que realizam tratamento de dados pessoais, assumindo obrigações típicas de controlador ou de operador.

art. 11, condicionando, entretanto, a disponibilização de um canal de comunicação com o titular. Dessa forma, restou que a indicação de encarregado por parte dos agentes de tratamento de pequeno porte será considerada como boas práticas e governança para fins de atenuante de sanções.

É importante ressaltar que referida disposição não se aplica a agentes de pequeno porte que realizem o tratamento de alto risco para os titulares[7]. Dessa forma, agentes que tratem em larga escala dados sensíveis ou de crianças, adolescentes ou idosos, devem, consequentemente, nomear um encarregado.

No caso do GDPR, destaca-se que há exigências adicionais que devem ser levadas em conta na nomeação do DPO que não tinham sido previstas na lei brasileira e que também fazem parte das orientações do Supervisor Europeu de Proteção de Dados[8], tais como: exercer as atribuições com independência, ou seja, não deve receber instruções sobre o desempenho de suas

---

7 Nos termos do art. 4º da Resolução CD/ANPD n. 2/2022, "são considerados tratamentos de alto risco o tratamento de dados pessoais que atender cumulativamente a pelo menos um critério geral e um critério específico, dentre os a seguir indicados:
I – critérios gerais:
a) tratamento de dados pessoais em larga escala; ou
b) tratamento de dados pessoais que possa afetar significativamente interesses e direitos fundamentais dos titulares;
II – critérios específicos:
a) uso de tecnologias emergentes ou inovadoras;
b) vigilância ou controle de zonas acessíveis ao público;
c) decisões tomadas unicamente com base em tratamento automatizado de dados pessoais, inclusive aquelas destinadas a definir o perfil pessoal, profissional, de saúde, de consumo e de crédito ou os aspectos da personalidade do titular; ou
d) utilização de dados pessoais sensíveis ou de dados pessoais de crianças, de adolescentes e de idosos".

8 Disponível em: https://edps.europa.eu/data-protection/data-protection/reference-library/data-protection-officer-dpo_en. Acesso em: 8 maio 2025.

atribuições e possuir competências para investigar; demonstrar o exercício de suas atribuições na prática, com o seu envolvimento, de forma adequada e em tempo útil, em todas as questões relacionadas ao tratamento de dados pessoais; e não ter conflito de interesse, sendo recomendável que o encarregado não seja o responsável pelas atividades de tratamento de dados diretamente (por exemplo, ser o Diretor do RH); e não deve reportar-se apenas a um superior imediato.

Tais pontos foram novamente abordados pela Resolução CD/ANPD n. 18, de 16 de julho de 2024[9], que aprovou o Regulamento sobre a atuação do encarregado pelo tratamento de dados pessoais, trazendo mais claramente as atividades mínimas que deve desempenhar, como também tratando da questão do acúmulo de funções e do conflito de interesse da função de encarregado.

Importante destacar que a LGPD não estipulou em seu texto se deve haver um encarregado para cada unidade de negócio ou se o indicado pode atuar para todo o grupo empresarial.

Dessa forma, caso as empresas que fazem parte do conglomerado possuam a mesma operação, é possível haver um único encarregado, porém, quando houver segmentos diferentes, é importante observar se um único encarregado conseguirá deliberar dentro das operações distintas.

Além disso, é necessário observar que, caso haja somente um encarregado, tal indicação poderá ser utilizada como embasamento para justificativa para alcançar o faturamento total do grupo econômico, na hipótese de aplicação do cálculo da multa simples disposta no art. 52, II, da LGPD.

---

9 Disponível em: https://www.in.gov.br/en/web/dou/-/resolucao-cd/anpd-n-18-de-16-de-julho-de-2024-572632074. Acesso em: 30 maio 2025.

Ademais, destaca-se que, pelos arts. 23, III, e 39 da LGPD, é obrigatório que toda instituição da Administração Pública indique um encarregado de dados (DPO).

Com isso, o Governo Federal publicou a IN SGD/ME n. 117, de 19 de novembro de 2020[10], que trouxe especificações mínimas necessárias para atuação junto ao poder público, exigindo que este profissional tenha que demonstrar conhecimentos multidisciplinares essenciais a sua atribuição, incluindo as áreas de gestão, segurança da informação, gestão de riscos, tecnologia da informação, proteção da privacidade e governança de dados. Além disso, a nova IN determinou que o Encarregado não deve se encontrar lotado na Unidade de Tecnologia da Informação do Órgão nem ser gestor responsável pelo sistema de informação.

- **Transferência internacional de dados**

  Transferência de dados pessoais para país estrangeiro ou organismo internacional do qual o país seja membro.

  Este tema foi objeto de regulamentação pela Autoridade pela Resolução CD/ANPD n. 19/2024, que estabeleceu procedimentos e regras para o reconhecimento de adequação de outros países ou organismos internacionais, bem como disciplina mecanismos contratuais para a realização de transferências internacionais de dados pessoais, trazendo os modelos de cláusulas-padrão contratuais que devem ser adotadas[11].

---

10 A nova IN revogou a Instrução Normativa DEGDI n. 100, de 22-10-2020, anterior que tratava do tema. Disponível em: https://www.in.gov.br/en/web/dou/-/instrucao-normativa-sgd/me-n-117-de-19-de-novembro-de-2020-289515596. Acesso em: 31 mar. 2025.

11 Disponível em: https://www.in.gov.br/en/web/dou/-/resolucao-cd/anpd-n-19-de-23-de-agosto-de-2024-580095396. Acesso em: 30 maio 2025.

5.

Aplicação material e territorial

Em primeiro lugar, a lei se aplica a todos aqueles que realizam o tratamento de dados pessoais, sejam organizações públicas ou privadas, pessoas físicas ou jurídicas, que realizam qualquer operação de tratamento de dados pessoais, independentemente do meio, que possa envolver pelo menos um dos seguintes elementos:

(i) ocorrer em território nacional;

(ii) que tenha por objetivo a oferta ou o fornecimento de bens ou serviços ou o tratamento de dados de indivíduos localizados no território nacional;

(iii) em que os dados tenham sido coletados no território nacional.

Sendo assim, a LGPD não está relacionada à cidadania ou à nacionalidade dos dados pessoais, tampouco à residência do indivíduo titular.

Por outro lado, a lei não se aplica quando o tratamento dos dados é realizado por uma pessoa física para fins exclusivamente particulares e não econômicos, para fins exclusivamente jornalísticos e artísticos e para tratamentos realizados para fins de segurança pública e defesa nacional, conforme o art. 4º, I, II e III.

Ademais, o art. 4º, IV, prevê que o tratamento de dados provenientes de fora do Brasil que não sejam comunicados ou transferidos internacionalmente é dispensado da aplicação da Lei, desde que o país de origem ofereça nível de proteção de dados pessoais compatível com o exigido pela LGPD.

A Resolução n. 19 também trouxe exceções em seu art. 8º, § 1º, como no caso do trânsito de dados pessoais, sem a ocorrência de comunicação ou uso compartilhado de dados com agente de tratamento situado em território nacional; e do retorno dos dados pessoais, objeto de tratamento no território nacional, exclusivamente ao país ou organismo internacional de proveniência.

A necessidade de uma lei específica sobre proteção dos dados pessoais decorre da forma como está sustentado o modelo atual de negócios da sociedade digital, na qual a informação passou a ser a principal moeda de troca utilizada pelos usuários para ter acesso a determinados bens, serviços ou conveniências.

Assim, a LGPD apresenta alcance extraterritorial e efeitos internacionais, visto que se aplica também aos dados tratados fora do Brasil, desde que a coleta tenha ocorrido em território nacional, ou por oferta de produto ou serviço para indivíduos no território nacional ou que estejam no Brasil. Consequentemente, a título de exemplo, temos que o dado pessoal tratado por uma empresa de serviço de *cloud computing* que armazena o dado pessoal fora do país é obrigada a cumprir as exigências da LGPD.

6.

Princípios aplicados ao tratamento de dados pessoais

A regulamentação de proteção de dados pessoais é uma legislação principiológica; sendo assim, tanto na origem europeia como na versão nacional há um rol de princípios que precisam ser atendidos. Como consequência disso, a melhor forma de analisar a lei é pela verificação da conformidade dos itens de controle, ou seja, se o controle não está presente, aplicado e implementado, o princípio não está atendido.

Essa metodologia foi uma forma mais objetiva encontrada pelo regulador de se tratar uma regra que, apesar de se referir a direitos fundamentais, como a proteção da privacidade, necessita de uma aplicação procedimental dentro dos modelos de negócios das estruturas empresariais.

Portanto, a legislação visa fortalecer a proteção da privacidade do titular dos dados, a liberdade de expressão, de informação, de opinião e de comunicação, a inviolabilidade da intimidade, da honra e da imagem e, ao mesmo tempo, também promover o desenvolvimento econômico e tecnológico.

Quando analisado o GDPR, que entrou em vigor em 25 de maio de 2018, verifica-se que o seu art. 5º traz os princípios que devem ser seguidos no tratamento de dados pessoais, e que são expressos, depois, nas notificações da Autoridade Fiscalizadora, quando há algum tipo de denúncia ou autuação; são eles:

(i) licitude;

(ii) lealdade;

(iii) transparência;

(iv) limitação da finalidade;

(v) minimização dos dados;

(vi) exatidão;

(vii) limitação da conservação;

(viii) integridade e confidencialidade (que são os mesmos da segurança da informação);

(ix) responsabilidade.

Pela LGPD, as atividades de tratamento legítimo, específico e explícito de dados pessoais informado previamente ao titular devem estar orientadas pelos seguintes princípios: da finalidade, adequação, necessidade, livre acesso, transparência, segurança, responsabilização e prestação de contas.

Sendo assim, no tratamento de dados pessoais deve-se observar a boa-fé e os seguintes princípios, em destaque:

(i) finalidade do tratamento;

(ii) compatibilidade do tratamento com as finalidades informadas ao titular;

(iii) limitação do tratamento ao mínimo necessário para a realização de suas finalidades;

(iv) garantia, aos titulares, de consulta facilitada e gratuita sobre a forma do tratamento;

(v) garantia, aos titulares, de exatidão, clareza, relevância e atualização dos dados, de acordo com a necessidade e para o cumprimento da finalidade de seu tratamento;

(vi) transparência aos titulares;

(vii) utilização de medidas técnicas e administrativas aptas a proteger os dados pessoais;

(viii) prestação de contas, pelo agente, da adoção de medidas capazes de comprovar a proteção de dados pessoais.

Além disso, há alguns pontos de atenção fundamentais que devem ser observados para a aplicação dos princípios da LGPD no tratamento dos dados pessoais.

O tratamento de dados pessoais pode ocorrer pelo consentimento livre e informado com finalidade específica declarada ao titular, mas também pode ocorrer vinculado a outra base legal, nesse caso não havendo a necessidade de consentimento expresso. As bases legais que justificam tal tratamento são:

(i) para o cumprimento de obrigação legal ou regulatória pelo controlador;

(ii) pela administração pública, para o tratamento e uso compartilhado de dados necessários à execução de políticas públicas previstas em leis e regulamentos ou respaldadas em contratos, convênios ou instrumentos congêneres;

(iii) para a realização de estudos por órgão de pesquisa, garantida, sempre que possível, a anonimização dos dados pessoais;

(iv) quando necessário à execução de contrato ou de procedimentos preliminares relacionados a contrato do qual seja parte o titular, a pedido do titular dos dados;

(v) para o exercício regular de direitos em processo judicial, administrativo ou arbitral;

(vi) para a proteção da vida do titular ou de terceiro;

(vii) para a tutela da saúde, exclusivamente, em procedimento realizado por profissionais de saúde, serviços de saúde ou autoridade sanitária;

(viii) quando necessário para atender aos interesses legítimos do controlador ou de terceiro;

(ix) para a proteção do crédito, inclusive quanto ao disposto na legislação pertinente.

Um dos grandes impactos da LGPD está relacionado à necessidade de se garantir os direitos dos titulares, alguns deles novos para o ordenamento jurídico e para as empresas públicas e privadas, tais como o direito à portabilidade dos dados pessoais. Sendo assim, em resumo, passaram a ser direitos dos titulares e que as instituições devem estar preparadas para atender dentro de um prazo razoável, pela lei brasileira:

(i) confirmação da existência de tratamento;

(ii) acesso aos dados;

(iii) correção de dados incompletos, inexatos ou desatualizados;

(iv) anonimização, bloqueio ou eliminação de dados desnecessários, excessivos ou tratados em desconformidade com o disposto na Lei;

(v) portabilidade dos dados a outro fornecedor de serviço ou produto;

(vi) eliminação dos dados pessoais tratados com o consentimento do titular;

(vii) informação sobre a possibilidade de não fornecer consentimento e consequências da negativa;

(viii) revogação do consentimento;

(ix) revisão de decisões tomadas unicamente com base em tratamento automatizado de dados pessoais que afetem seus interesses, incluídas as decisões destinadas a definir o seu perfil pessoal, profissional, de consumo e de crédito ou os aspectos de sua personalidade.

7.
Penalidades

No tocante às penalidades previstas pela LGPD, frise-se que algumas sanções sofreram veto presidencial e ficaram menores do que as previstas pelo GDPR, tendo em vista a necessidade de adaptação para a realidade e o contexto do cenário econômico e social brasileiros.

Foram previstas as seguintes penalidades pelo art. 52 da LGPD[1], sendo que o critério de aplicação deverá observar alguns requisitos, especialmente o da proporcionalidade:

> I – advertência, com indicação de prazo para adoção de medidas corretivas;
>
> II – multa simples, de até 2% (dois por cento) do faturamento da pessoa jurídica de direito privado, grupo ou conglomerado no Brasil no seu último exercício, excluídos os tributos, limitada, no total, a R$ 50.000.000,00 (cinquenta milhões de reais) por infração;
>
> III – multa diária, observado o limite total a que se refere o inciso II;
>
> IV – publicização da infração após devidamente apurada e confirmada a sua ocorrência;

---

1 O art. 52 ficou prorrogado pela Lei n. 14.010/2020 para iniciar aplicação a partir de 1º de agosto de 2020.

V – bloqueio dos dados pessoais a que se refere a infração até a sua regularização;

VI – eliminação dos dados pessoais a que se refere a infração.

VII – (VETADO);

VIII – (VETADO);

IX – (VETADO).

X – suspensão parcial do funcionamento do banco de dados a que se refere a infração pelo período máximo de 6 (seis) meses, prorrogável por igual período, até a regularização da atividade de tratamento pelo controlador; (Incluído pela Lei n. 13.853, de 2019)

XI – suspensão do exercício da atividade de tratamento dos dados pessoais a que se refere a infração pelo período máximo de 6 (seis) meses, prorrogável por igual período; (Incluído pela Lei n. 13.853, de 2019)

XII – proibição parcial ou total do exercício de atividades relacionadas a tratamento de dados. (Incluído pela Lei n. 13.853, de 2019)

Para fins de maiores esclarecimentos, a Resolução CD/ANPD n. 4, de 24 de fevereiro de 2023, aprovou o Regulamento de Dosimetria e Aplicação de Sanções Administrativas, o qual estabeleceu parâmetros e critérios para aplicação de sanções administrativas pela Autoridade Nacional de Proteção de Dados (ANPD), bem como as formas e dosimetrias para o cálculo do valor-base das sanções de multa.

Dentre os pontos trazidos, destacam-se os conceitos de grupo econômico e reincidência, a classificação de sanções por nível de gravidade (leve, média, grave) e sua hierarquização, a estipulação das causas agravantes e atenuantes, a definição da obrigatoriedade de oitiva de demais reguladores setoriais e a instituição de um sistema de proporcionalidade para as sanções.

Sobre a dosimetria para o cálculo da sanção pecuniária, há quatro fases:

1ª determinação da alíquota-base;

2ª determinação do valor-base da multa;

3ª determinação do valor da multa;

4ª adequação aos limites mínimo e máximo da multa.

Além disso, é garantido à ANPD o direito de afastar a metodologia de dosimetria de sanção de multa ou substituir a aplicação de sanção por outra constante no Regulamento, nos casos em que seja constatado prejuízo à proporcionalidade entre a gravidade da infração e a intensidade da sanção, observado o disposto no inciso XI do § 1º do art. 52 da LGPD, no Regulamento e nas demais normas aplicáveis.

Importante ressaltar que a Lei prevê que as sanções só serão aplicadas após procedimento administrativo que possibilite a oportunidade da ampla defesa, de forma gradativa, isolada ou cumulativa, de acordo com as peculiaridades do caso concreto.

Ademais, as sanções previstas pelos incisos X, XI e XII só podem ser aplicadas após já ter sido imposta ao menos 1 (uma) das sanções de que tratam os incisos II, III, IV, V e VI do *caput* desse artigo para o mesmo caso concreto.

Por fim, há itens que podem ser considerados na minimização de uma punição pela Autoridade fiscalizadora responsável, conforme previsto pelo próprio art. 52, § 1º, bem como pelo art. 7º do Regulamento de Dosimetria e Aplicação de Sanções Administrativas, quais sejam:

- a gravidade da infração;
- a boa-fé do infrator;
- a vantagem auferida;
- a condição econômica do infrator;
- a reincidência;
- o grau de dano causado;
- a cooperação do infrator;

- a demonstração de adoção de mecanismos e procedimentos para mitigar os danos;
- a adoção de política de boas práticas e governança;
- a pronta adoção de medidas corretivas;
- a proporcionalidade entre a gravidade da falta e a intensidade da sanção.

O processo de fiscalização e seus procedimentos são disciplinados pelo Regulamento do Processo de Fiscalização e do Processo Administrativo Sancionador no âmbito da Autoridade Nacional de Proteção de Dados, aprovado pela Resolução CD/ANPD n. 01/2021, publicada em 28 de outubro de 2021.

O regulamento se aplica aos titulares de dados, aos agentes de tratamento, pessoas naturais ou jurídicas, de direito público ou privado e demais interessados no tratamento de dados pessoais.

De forma sucinta, o processo de fiscalização compreende as seguintes atividades de fiscalização:

(i) monitoramento – caracterizado pelo levantamento de informações e dados relevantes para subsidiar a tomada de decisões pela ANPD, com a finalidade de assegurar o funcionamento do ambiente regulado;

(ii) orientação – baseia-se na utilização de métodos e ferramentas que almejam promover a orientação, a conscientização e a educação dos agentes de tratamento e dos titulares de dados pessoais; e

(iii) prevenção – consiste na construção de soluções e medidas que visam reconduzir os agentes de tratamento à conformidade com a LGPD ou evitar ou remediar situações que possam acarretar risco ou dano aos titulares de dados pessoais e a outros agentes de tratamento.

Ao final, na hipótese de incidente, também deve ser observada a Resolução n. 15 CD/ANPD, pela qual a Autoridade poderá aplicar multa diária para assegurar o cumprimento da determinação de adoção de medidas preventivas imediatas, conforme o art. 15, parágrafo único.

Não obstante as atividades de fiscalização, a ANPD poderá realizar atividades repressivas, mediante a aplicação de sanção, por meio de um processo administrativo sancionador.

PROCESSO ADMINISTRATIVO SANCIONADOR

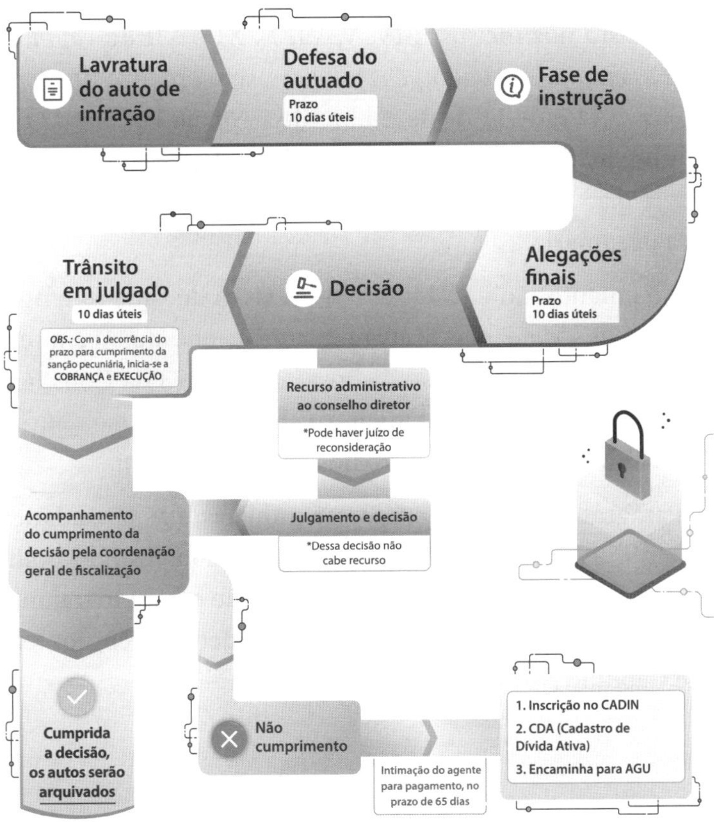

Portanto, a governança corporativa precisará focar os princípios previstos pela LGPD para que o negócio seja sustentável, principalmente no que diz respeito à implementação de programa de gestão de dados pessoais, que inclusive pode ajudar na redução das penas por meio de medidas atenuantes, na hipótese de ocorrência de um tipo de infração que enseje a aplicação de alguma penalidade. Sua não conformidade pode significar majoração da pena pela observância de medidas agravantes.

Importante destacar que, na aplicação de penalidade, há apenas uma distinção a ser feita no caso da Administração Pública. A LGPD previu no art. 52, § 3º, apenas a aplicação das penalidades do "disposto nos incisos I, IV, V, VI, X, XI e XII do *caput* deste artigo *às entidades e aos órgãos públicos,* sem prejuízo do disposto na Lei n. 8.112, de 11 de dezembro de 1990, na Lei n. 8.429, de 2 de junho de 1992, e na Lei n. 12.527, de 18 de novembro de 2011". Ou seja, não aplica os incisos II e III que são os relacionados à multa pecuniária.

No entanto, no art. 24, tem a previsão de "que as empresas públicas e as sociedades de economia mista que atuam em regime de concorrência, sujeitas ao disposto no art. 173 da Constituição Federal, terão o mesmo tratamento dispensado às pessoas jurídicas de direito privado particulares, nos termos desta Lei.

Parágrafo único. As empresas públicas e as sociedades de economia mista, quando estiverem operacionalizando políticas públicas e no âmbito da execução delas, terão o mesmo tratamento dispensado aos órgãos e às entidades do Poder Público, nos termos deste Capítulo".

8.

Autoridade Nacional de Proteção de Dados (ANPD)

Pode-se afirmar que a ANPD foi criada para trazer mais segurança e estabilidade para a aplicação da Lei Geral de Proteção de Dados. No caso específico do Brasil há uma previsão bem ampla de artigos da Lei que dependem de regulamentação por parte da Autoridade, logo cabe a ela executar as adequações necessárias para que a legislação tenha uma aderência maior com a realidade social e econômica.

A ANPD possui papel fundamental como elo entre diversas partes interessadas que vão do titular ao ente privado e ao ente público, passando pela necessidade de alinhamento com demais autoridades reguladoras e fiscalizadoras, bem como os três poderes Executivo, Legislativo e Judiciário que deverão continuar a compreender a temática da dinâmica dos dados pessoais em um contexto não apenas nacional, mas principalmente internacional para que o Brasil saiba se posicionar no mercado digital global.

A etapa após a entrada em vigor da lei é a mais importante, pois devem ser estabelecidas políticas públicas de adequação, e a aplicação de códigos de conduta e Certificações é primordial. Nesse sentido, a ANPD dá diversos guias orientativos e fascículos sobre proteção de dados e vazamento de dados[1]. Esse é um tema inclusive mais bem tratado no GDPR, com uma grande riqueza de detalhes nos arts. 40 a 43, enquanto na LGPD nos limitamos a poucas linhas do art. 50.

Sobre a atuação da ANPD até o momento, ela tem sido muito mais de caráter orientativo/fiscalizatório. Segundo o "Balanço de 4 Anos" da atuação da Autoridade Nacional de Proteção de Dados (ANPD):

> A atuação da ANPD é baseada no modelo de regulação responsiva, que prioriza a utilização de medidas orientativas e preventivas, visando conduzir os agentes regulados à conformidade com a legislação e regulamentações infralegais. [...] Ou seja, por meio da regulação responsiva, parte-se do pressuposto de que é possível promover a conformidade dos agentes regulados utilizando inicialmente estímulos não sancionatórios com o objetivo de alcançar resultados positivos para a sociedade, reservando as punições para situações em que essas medidas não forem suficientes para alterar o comportamento dos agentes regulados.

Contudo, vale observar que a primeira sanção pecuniária aplicada tenha sido baixa, no valor de R$ 14.400,00, limitada a 2% do seu faturamento bruto, conforme o art. 52, II, da LGPD, por se tratar de microempresa. No entanto, muitas empresas já foram notificadas pela ANPD por conta de violações ou irregularidades

---

1 Os guias orientativos publicados pela Autoridade Nacional de Proteção de Dados são documentos que têm a finalidade de esclarecer e orientar a respeito de assuntos abordados na Lei Geral de Proteção de Dados Pessoais, não possuindo caráter normativo. Disponível em: https://www.gov.br/anpd/pt-br/assuntos/noticias/anpd-lanca-guia-orientativo-sobre-tratamento-de-dados-pessoais-para-fins-academicos. Acesso em: 1º abr. 2025.

no tratamento de dados pessoais e há outros processos fiscalizadores envolvendo entes públicos que foram concluídos[2].

Em comparação ao cenário global, é possível notar que a atuação varia de acordo com o perfil da autoridade. Por exemplo, umas têm se apresentado mais disponíveis para responder a consultas públicas, atuar junto às entidades representativas dos setores para homologar códigos de conduta específicos, bem como aplicar multas com valor menor e de cunho educativo, em que a penalidade máxima só é aplicada nos casos excepcionais de vazamento de dados com evidências de negligência do controlador.

Entretanto, há outras que possuem um perfil mais punitivo, muito mais de "caça às bruxas", aplicando multas elevadas, com característica de punição exemplar.

Uma forma de acompanhar como tem sido a aplicação das penalidades pelas Autoridades dos outros países é acessar o *site* https://www.enforcementtracker.com/.

Em suma, o que se observou no trabalho das Autoridades de Proteção de Dados pelo mundo desde o advento do GDPR foi uma mudança de comportamento por parte das empresas em alguns passos centrais e iniciais:

- **Verificação dos bancos de informações internos**: os tratamentos de dados pessoais estão minimizados? As finalidades estão informadas? Os titulares de dados estão cientes e de acordo com o tratamento?

2 Dentre esses, destaca-se o caso envolvendo o INSS, condenado a publicizar a infração em seu *site* e no aplicativo Meu INSS durante 60 dias. Disponível em: https://www.gov.br/anpd/pt-br/assuntos/noticias/anpd-sanciona-inss-e-secretaria-de-educacao-do-df-por-violacoes-a-lgpd. Acesso em: 1º abr. 2025.

- **Apagamento dos dados pessoais que estejam sendo tratados em desacordo com o previsto em lei**, incluindo os dados que as empresas não deveriam ter coletado – sem o consentimento ou a ciência dos titulares. Sendo que a consecução de tal etapa foi – e está sendo – garantida por meio das notificações e sanções às empresas que seguem em desacordo;
- **Identificação dos bancos de dados em tratamento** para garantir a transparência das informações, sendo que as empresas passaram a ter que listar: que tipos de dados pessoais possuem em tratamento? Por que estão tratando os dados? Os dados são compartilhados com outra empresa/entidade? Por que há necessidade do compartilhamento? Há transferência internacional dos dados em tratamento? De maneira que todas as informações pudessem ser acessíveis às autoridades e garantissem a segurança das informações;
- **Atendimento ao titular na resolução de conflitos ou questionamentos envolvendo o tratamento de seus dados pessoais.**

De maneira geral, conforme o apontado pelo *website Information Commissioner's Office* (*ICO*)[3] – Autoridade de Proteção de Dados da Inglaterra –, o trabalho das autoridades de dados basicamente constitui-se em 4 pilares: i) garantia do *enforcement* da regulação de proteção de dados; ii) fiscalização, auditoria e aconselhamento às empresas acerca da rotina envolvendo tratamento de dados; iii) compartilhamento de dados e informações acerca de melhores práticas em proteção de dados; e iv) monitoração dos tratamentos.

Esse trabalho realizado pelas autoridades europeias busca garantir a aplicação da lei e disseminar uma cultura de proteção aos dados pessoais e respeito à privacidade.

---

3 Disponível em: https://ico.org.uk/. Acesso em: 1º abr. 2025.

Nesse sentido, é importante compreender a previsão legal de estrutura e funcionamento da ANPD, assim como a aplicação de tais rotinas no contexto brasileiro.

Exemplo disso ocorreu em dezembro de 2024, quando a ANPD iniciou processo de fiscalização envolvendo 20 empresas de grande porte que não indicaram o contato do encarregado pelo tratamento de dados pessoais, conforme exigido pelo art. 41 da LGPD. A medida também se estendeu a organizações que, além de não disponibilizarem um canal de comunicação adequado para atender aos titulares de dados, ofereceram canais não efetivos, dificultando o exercício de direitos como acesso, correção e exclusão de dados pessoais[4].

ANPD – Natureza, estrutura e funcionamento

No que diz respeito à regulamentação da Autoridade Nacional de Proteção de Dados (ANPD) em si, o Capítulo IX reserva os arts. 55-A a 55-K para a matéria.

Inicialmente, é importante ressaltar que a ANPD é responsável pela orientação geral no que tange à adequação e aplicação da Lei Geral de Proteção de Dados brasileira, determinando as diretrizes do tratamento de dados no Brasil, além de poder alterar a Lei n. 13.709/2018 (LGPD). A ANPD também é responsável pela fiscalização dos tratamentos e aplicação das sanções e multas previstas pela LGPD.

A ANPD foi inicialmente criada como um ente vinculado à Presidência da República, no entanto a legislação previa que essa sua natureza jurídica era transitória e poderia ser transformada em autarquia após 2 anos, mediante proposta do Poder Executivo.

---

4 Disponível em: https://www.gov.br/anpd/pt-br/assuntos/noticias/anpd-fiscaliza-20-empresas-por-falta-de-encarregado-e-canal-de-comunicacao. Acesso em: 1º abr. 2025.

E foi o que ocorreu, em menos de dois anos, a ANPD foi transformada em autarquia de natureza especial pela Medida Provisória n. 1.124/2022. A MP alterou o texto do art. 55-A da LGPD para:

"Art. 55-A. Fica criada a Autoridade Nacional de Proteção de Dados – ANPD, autarquia de natureza especial, dotada de autonomia técnica e decisória, com patrimônio próprio e com sede e foro no Distrito Federal."

O prazo para deliberação da MP pelo Congresso (60 dias), acrescido dos dias de recesso parlamentar, que iria até 25 de agosto de 2022, foi prorrogado por mais 60 dias, indo até 19 de outubro de 2022. Foi aprovado regime de urgência. No dia 11 de outubro desse mesmo ano, foi designado relator o Deputado Gerônimo Goergen, aprovada a redação final e submetida ao Senado. Finalmente, em 25 de outubro de 2022, foi promulgada a Lei n. 14.460, para transformar a Autoridade Nacional de Proteção de Dados em Autarquia de Natureza Especial[5].

A alteração do *status* da ANPD é positiva, tendo em vista que isso garante mais autonomia ao órgão, embora também seja possível observar em outros países exemplos positivos que adotam moldes de dependência do Poder Público central.

A composição da Autoridade é prevista no art. 55-C da LGPD (incluído pela Lei n. 13.853, de 2019), que prevê que a ANPD será composta de seis elementos, conforme se verifica a seguir:

1) Conselho Diretor ➲ composto de cinco integrantes, que deverão ser indicados pelo Ministro de Estado da Justiça e Segurança Pública e nomeados pelo Presidente da República, após aprovação pelo Senado Federal, nos termos do disposto na

---

5 Conferir a lei em: https://www.planalto.gov.br/ccivil_03/_Ato2019-2022/2022/Lei/L14460.htm#art7.

alínea *f* do inciso III do *caput* do art. 52 da Constituição, e terão mandatos de 4 anos, prorrogáveis uma vez, por igual período, sendo esse o órgão máximo de decisão da Autoridade (arts. 4º, 6º, 12 | Anexo I – Decreto n. 10.474, de 26 de agosto de 2020);

2) Conselho Nacional de Proteção de Dados e de Privacidade ➲ composto de 23 representantes, sendo 5 do Poder Executivo, 1 do Senado Federal, 1 da Câmara dos Deputados, 1 do Conselho Nacional de Justiça, 1 do Conselho Nacional do Ministério Público, 1 do Comitê Gestor da Internet no Brasil, 3 de organizações da sociedade civil com atuação comprovada em proteção de dados pessoais, 3 de instituições científicas, tecnológicas e de inovação, 3 de confederações sindicais representativas das categorias econômicas do setor produtivo, 2 de entidades representativas do setor empresarial relacionado à área de tratamento de dados pessoais e 2 de entidades representativas do setor laboral (art. 15 | Anexo I – Decreto n. 10.474, de 26 de agosto de 2020). Todos esses representantes não receberão remuneração, sendo sua participação considerada como prestação de serviço público relevante, com mandatos de 2 anos, permitida uma recondução, por igual período;

3) Corregedoria;

4) Ouvidoria;

5) Procuradoria (incluído pela Lei n. 14.460, de 2022);

6) Unidades Administrativas e **Unidades Especializadas necessárias à aplicação do disposto nessa Lei** (BRASIL, 2019).

No que diz respeito às competências da ANPD – art. 55-J –, é possível destacar:

- zelar pela proteção dos dados pessoais, nos termos da legislação;

- elaborar diretrizes para a Política Nacional de Proteção de Dados Pessoais e da Privacidade;
- fiscalizar e aplicar sanções em caso de tratamento de dados realizado em descumprimento à legislação, mediante processo administrativo que assegure o contraditório, a ampla defesa e o direito de recurso;
- apreciar petições de titular contra controlador após comprovada pelo titular a apresentação de reclamação ao controlador não solucionada no prazo estabelecido em regulamentação;
- promover na população o conhecimento das normas e das políticas públicas sobre proteção de dados pessoais e das medidas de segurança;
- solicitar, a qualquer momento, às entidades do poder público que realizem operações de tratamento de dados pessoais informe específico sobre o âmbito, a natureza dos dados e os demais detalhes do tratamento realizado, com a possibilidade de emitir parecer técnico complementar para garantir o cumprimento desta Lei;
- realizar auditorias, ou determinar sua realização, no âmbito da atividade de fiscalização de que trata o inciso IV e com a devida observância do disposto no inciso II do *caput* deste artigo, sobre o tratamento de dados pessoais efetuado pelos agentes de tratamento, incluído o poder público;
- editar normas, orientações e procedimentos simplificados e diferenciados, inclusive quanto aos prazos, para que microempresas e empresas de pequeno porte, bem como iniciativas empresariais de caráter incremental ou disruptivo que se autodeclarem *startups* ou empresas de inovação, possam adequar-se a esta Lei;
- garantir que o tratamento de dados de idosos seja efetuado de maneira simples, clara, acessível e adequada ao seu entendimento, nos termos desta Lei e da Lei n. 10.741, de 1º de outubro de 2003 (Estatuto do Idoso).

É relevante pontuar que o art. 55-K deixa claro que compete *exclusivamente* à ANPD a aplicação das sanções previstas na LGPD, e que suas competências prevalecerão, no que se refere à proteção de dados pessoais, sobre as competências correlatas de outras entidades ou órgãos da administração pública.

ANPD – Nomeação da diretoria e providências

As primeiras nomeações da nova autoridade recém-constituída (ANPD) aconteceram por meio do Decreto n. 10.474, de 26 de agosto de 2020, que criou a ANPD. Importante notar que, apesar de o decreto ser de agosto de 2020, esta norma só entrou em vigor no dia 6 de novembro de 2020, quando o Diretor-Presidente da ANPD foi nomeado, conforme previa o art. 6º do Decreto n. 10.474/2020.

Ou seja, somente no dia 6 de novembro a ANPD passou a existir como órgão dotado de poderes e funções práticas, logo após a entrada em vigor da LGPD. O que já demonstra que o contexto brasileiro de implementação da regulamentação de proteção de dados possui particularidades que lhe são próprias e bem distintas das referências colhidas com a União Europeia, apesar das similaridades entre as legislações.

O Decreto n. 10.474/2020 é bastante relevante, pois aprovou a estrutura regimental da ANPD, o quadro demonstrativo dos cargos e ainda remanejou os cargos em comissão e confiança (art. 1º do Decreto n. 10.474/2020).

Os pontos centrais do decreto foram:

- Remanejamento de 16 cargos em comissão e 20 funções comissionadas do Poder Executivo (FCPE) da Secretaria de Gestão (SEGES) para a ANPD;

- Organização da ANPD como órgão da Presidência, de acordo com a LGPD;
- Estabelecimento de competências da ANPD, de acordo com a LGPD; e
- Fixação dos órgãos da ANPD com respectivas competências, de acordo com a LGPD.

Poucos meses depois, ainda no início de 2021, a ANPD passou a ter 5 diretores e 15 servidores nomeados para as posições-chave da organização. Em seguida alcançou um corpo de 40 profissionais, o que ainda é considerado aquém do necessário diante do desafio de fiscalizar a LGPD em âmbito nacional.

Segundo o "Balanço 4 anos" da ANPD, publicado em novembro de 2024, hoje a ANPD ainda não possui um corpo permanente de servidores, contando com a colaboração de servidores e empregados públicos requisitados de outros órgãos, colaboradores terceirizados e estagiários. Entre 2021 e 2024, esse quadro cresceu de 50 para 141 servidores/empregados públicos.

Além disso, a ANPD criou a sua página na internet[6], em que é possível receber requisições de titulares e agentes de tratamento com dúvidas, denúncias, sugestões e pedidos.

No *site* da ANPD é possível acompanhar as atualizações sobre diretrizes e documentos oficiais, além de realizar o peticionamento eletrônico de documentos endereçados à ANPD por meio do Sistema Eletrônico de Informações (SEI)[7].

---

6 Disponível em: https://www.gov.br/anpd/pt-br.

7 Para mais informações, consulte: https://www.gov.br/anpd/pt-br/canais_atendimento/peticionamento-eletronico-anpd.

O portal tem atualizado o conjunto de ações recomendadas, além de oferecer sugestões diretivas e preventivas para questões práticas que envolvem o tratamento de dados pessoais.

Dentre as publicações realizadas pela ANPD, destacam-se[8]:

i. cartilhas elaboradas em conjunto com CERT.BR (Centro de Estudos, Resposta e Tratamento de Incidentes de Segurança no Brasil), NIC.BR (Núcleo de Informação e Coordenação do Ponto BR) e CGI.BR (Comitê Gestor da Internet no Brasil), contendo orientações sobre proteção de dados e vazamento de dados pessoais;

ii. guia orientativo para definições dos agentes de tratamento de dados pessoais e do encarregado;

iii. guia orientativo sobre segurança da informação para agentes de tratamento de pequeno porte;

iv. guia orientativo sobre *cookies* e proteção de dados pessoais;

v. guia orientativo sobre a aplicação da Lei Geral de Proteção de Dados Pessoais (LGPD) por agentes de tratamento no contexto eleitoral;

vi. guia orientativo sobre o tratamento de dados pessoais pelo poder público;

vii. guia orientativo sobre tratamento de dados pessoais para fins acadêmicos;

viii. guia orientativo sobre a atuação do encarregado pelo tratamento de dados pessoais;

ix. guia orientativo sobre hipóteses legais de tratamento de dados pessoais – legítimo interesse;

---

8 Os tópicos contam com materiais informativos como guias, estudo de caso, oficina, *template* entre outros e podem ser acessados no Portal Governo Digital.

x. manifestação técnica da Coordenação-Geral de Fiscalização acerca da divulgação dos microdados do Enem e de censos escolares pelo Incp à luz da Lei n. 13.709, de 14 de agosto de 2018 – Lei Geral de Proteção de Dados Pessoais (LGPD), realizada por meio da Nota Técnica n. 46/2022/CGF/ANPD;

xi. manifestação técnica da Coordenação-Geral de Fiscalização acerca da atualização da Política de Privacidade do WhatsApp, realizada por meio da Nota Técnica n. 49/2022/CGF/ANPD;

xii. manifestação técnica da Coordenação-Geral de Fiscalização acerca do tratamento de dados pessoais entre Receita Federal e Serpro, por meio da Nota Técnica n. 68/2022/CGF/ANPD[9];

xiii. Enunciado CD/ANPD n. 1, de 22 de maio de 2023;

xiv. Glossário de Proteção de Dados Pessoais;

xv. Radar Tecnológico – Cidades Inteligentes;

xvi. Radar Tecnológico – Biometria e Reconhecimento Facial.

Tais publicações têm sido bastante esclarecedoras para sanar dúvidas mais pontuais das instituições, enquanto não há o lançamento das diretrizes oficiais a respeito de todas as temáticas a serem regulamentadas. Quanto ao dever de casa regulatório, abaixo a lista-resumo dos principais artigos pendentes de complementação pela ANPD:

✓ art. 4º, III (segurança pública);

✓ art. 12, § 3º (anonimização);

✓ art. 18, V (portabilidade);

9 Disponível em: https://www.gov.br/anpd/pt-br/documentos-e-publicacoes/nt-68_2022_cgf_anpd.pdf.

✓ art. 19, § 4º (prazo de direito dos titulares);

✓ art. 20, § 2º (auditoria de algoritmos);

✓ art. 26, V, § 2º (comunicar contrato e convênio);

✓ art. 27 (comunicação de compartilhamento de dados pela administração pública e ente privado);

✓ arts. 29 e 32 (requisição de relatório de impacto);

✓ art. 30 (normas complementares para comunicação e uso compartilhado de dados pessoais);

✓ art. 31 (penalidades administrativas aplicadas a órgãos públicos);

✓ art. 40 (padrões de interoperabilidade);

✓ art. 46 (medidas técnicas de segurança);

✓ art. 48 (dever de reportar);

✓ art. 50 (protocolo guia de conduta);

✓ art. 61 (extraterritorialidade);

✓ art. 62 (acesso a dados de sistema de educação);

✓ art. 63 (tratamento da base legada).

Diretrizes essas com previsão para acontecer, conforme apresentado pela Agenda Regulatória para o biênio 2025-2026, estabelecida pela Resolução n. 23, de 9 de dezembro de 2024.

De acordo com a Resolução, os projetos de regulamentação da ANPD serão divididos em quatro fases, por ordem de priorização, com previsão de início dentro do prazo máximo de dois anos:

I – Fase 1: iniciativas cujos processos regulatórios são provenientes da Agenda Regulatória para o biênio 2023-2024, aprovada pela Portaria n. 35, de 4 de novembro de 2022, com as alterações efetuadas pela Resolução CD/ANPD n. 11, de 27 de dezembro de 2023;

II – Fase 2: iniciativas cujo início do processo regulatório acontecerá em até 1 ano;

III – Fase 3: iniciativas cujo início do processo regulatório acontecerá em até 1 ano e 6 meses; e

IV – Fase 4: iniciativas cujo início do processo regulatório acontecerá em até 2 anos.

Durante a Fase 1 a agenda previu dez iniciativas: i) regulamentação dos direitos dos titulares, em especial os arts. 9º, 18, 19 e 20; ii) Relatório de Impacto à Proteção de Dados Pessoais; iii) estabelecimento dos requisitos a serem observados nas hipóteses de compartilhamento de dados pessoais pelo Poder Público e regulamentação dos arts. 26 e 27; iv) estabelecimento de procedimentos e orientações no tratamento de dados pessoais de crianças e adolescentes; v) publicação de regulamentação ou documentos de caráter orientativo, com vistas ao estabelecimento de parâmetros que assegurem a realização do tratamento de dados biométricos de forma equilibrada e compatível com a legislação de proteção de dados pessoais; vi) definição de medidas de segurança, técnicas e administrativas (incluindo padrões técnicos mínimos de segurança) (art. 46, § 1º, da LGPD); vii) estabelecimento de parâmetros interpretativos para a aplicação do art. 20 da LGPD, que dispõe sobre o direito de revisão de decisões automatizadas; viii) disponibilização dos agentes de tratamento, em especial os de pequeno porte, orientações e parâmetros para a definição e a identificação de hipóteses de tratamento de dados pessoais de alto risco; ix) estabelecimento de orientações para as organizações religiosas quanto às medidas necessárias para a sua adequação à LGPD, considerando as suas especificidades; x) disposição sobre padrões e técnicas utilizados em processos de anonimização e de pseudonimização, para apresentar orientações e esclarecimentos sobre o tema, em conformidade com o previsto na LGPD (art. 12, § 3º, da LGPD).

Já durante a Fase 2, as principais atividades previstas foram: i) elaboração de diretrizes para a Política Nacional de Proteção de Dados Pessoais e da Privacidade (art. 55-J, III, da LGPD); ii) regras de boas práticas e de governança (art. 50 da LGPD); iii) fornecimento de orientação clara acerca das medidas de transparência a serem adotadas, das hipóteses legais adequadas aos tratamentos de dados pessoais realizados pelos agregadores de dados pessoais e dos limites ao uso de dados públicos e tornados manifestamente públicos, entre outros aspectos; iv) dados pessoais sensíveis – dados de saúde (art. 11, §§ 3º e 4º, da LGPD).

Na Fase 3, cabe à ANPD: i) estabelecer parâmetros e orientações acerca dos requisitos a serem observados na utilização da hipótese legal do consentimento.

Por fim, a Fase 4 abordará a hipótese legal de proteção ao crédito (art. 7º, X, da LGPD), podendo fornecer orientações aos agentes de tratamento acerca da sua aplicação, permitindo o equilíbrio entre o direito à privacidade dos titulares e a necessidade das instituições financeiras e demais agentes de tratamento de acessar informações relevantes para a análise de risco de crédito.

A atuação da ANPD vem sendo realizada de forma ativa e transparente, inclusive com a publicação de material de acompanhamento da agenda regulatória[10]. Em sua versão mais atual há 20 projetos em andamento, dentre os quais 10 já tiveram tomada de subsídios e 6 já foram deliberados pelo Conselho Diretor.

A ANPD está incumbida de tornar a LGPD mais clara, acessível e ajustável para a realidade do Brasil, tanto para os titulares de dados

---

10 É possível acessar o relatório semestral de acompanhamento do *status* da Agenda Regulatória no *site* da ANPD, a última versão encontra-se disponível em: https://www.gov.br/anpd/pt-br/assuntos/noticias/anpd-atualiza-com-dados-do-segundo-semestre-de-2024-relatorio-de-acompanhamento-da-agenda-regulatoria.

quanto para os agentes de tratamento, garantindo maior segurança jurídica às transações que envolvam o tratamento das informações pessoais, já que essa é uma das competências da Autoridade, conforme o art. 55-J da Lei Geral de Proteção de Dados Pessoais.

De maneira geral, pode-se afirmar que a constituição da ANPD e o seu empoderamento adequado, com os devidos investimentos necessários em termos de orçamento, recursos técnicos e humanos, é essencial para que o *enforcement* da Lei de Proteção de Dados seja possível, ou seja, é esse regulamento que torna a aplicação da lei possível. Isso ocorre porque um regulamento com previsão de sanções sem órgão fiscalizador não tem efetividade nem garantia de funcionamento.

A ANPD tem um papel crucial não apenas na fiscalização da legislação, mas principalmente na atuação de regulamentação da lei e na realização da campanha educativa junto à sociedade. Precisa haver um diálogo próximo da Autoridade com os titulares e as instituições, para que se estimule a implementação das melhores práticas de proteção de dados. Mais que punir é ajudar a aplicar a lei, orientar, esclarecer, tirar dúvidas e apoiar na customização da prática em setores específicos.

CNPD – Constituição e atuação

O Conselho Nacional de Proteção de Dados Pessoais e da Privacidade (CNPD) é um órgão consultivo da ANPD que, nos termos do art. 58-A da LGPD, deve ser composto por membros da sociedade e do poder público.

As principais atribuições do CNPD de acordo com o art. 58-B:

(i) Propor diretrizes estratégicas e fornecer subsídios para a elaboração da Política Nacional de Proteção de Dados Pessoais e da Privacidade e para a atuação da ANPD;

(ii) Elaborar relatórios anuais de avaliação da execução das ações da Política Nacional de Proteção de Dados Pessoais e da Privacidade;

(iii) Sugerir ações a serem realizadas pela ANPD; elaborar estudos e realizar debates e audiências públicas sobre a proteção de dados pessoais e da privacidade; e

(iv) Disseminar o conhecimento sobre a proteção de dados pessoais e da privacidade à população.

A participação no CNPD é considerada prestação de serviço público relevante, não remunerada (§ 4º do art. 58-A da LGPD). Em sua primeira formação, seus membros titulares e suplentes foram designados pelos Decretos de 9 de agosto de 2021, Decreto de 8 de setembro de 2021, Decretos de 11 de novembro de 2021, Decretos de 15 de março de 2022, Decreto de 28 de abril de 2022 e Decreto de 20 de junho de 2022.

Para a primeira composição, foram escolhidos como membros do Conselho Nacional de Proteção de Dados Pessoais e da Privacidade (CNPD)[11]:

Esfera de representação	Membro titular	Membro suplente
Poder Executivo	JONATHAS ASSUNÇÃO SALVADOR NERY DE CASTRO Casa Civil da Presidência da República	STEFANI JULIANA VOGEL Casa Civil da Presidência da República

11 Disponível em: https://www.gov.br/anpd/pt-br/composicao-1/conselho-nacional-de--protecao-de-dados-pessoais-e-privacidade-cnpd/CNPD.

<table>
<tr><td rowspan="4">Poder Executivo</td><td>RODRIGO LANGE
Ministério da Justiça e Segurança Pública</td><td>LEONARDO GARCIA GRECO
Ministério da Justiça e Segurança Pública</td></tr>
<tr><td>MARCELO DE LIMA E SOUZA
Ministério da Economia</td><td>MARTA JUVINA DE MEDEIROS
Ministério da Economia</td></tr>
<tr><td>MARCOS CESAR DE OLIVEIRA PINTO
Ministério da Ciência, Tecnologia e Inovações</td><td>FERNANDO ANTONIO RODRIGUES DIAS
Ministério da Ciência, Tecnologia e Inovações</td></tr>
<tr><td>IVAN CAVALCANTI GONÇALVES
Gabinete de Segurança Institucional da Presidência da República</td><td>GÉRSON VARGAS ÁVILA
Gabinete de Segurança Institucional da Presidência da República</td></tr>
<tr><td rowspan="5">Outros Poderes, órgãos ou instituições públicas</td><td>FABRICIO DA MOTA ALVES
Senado Federal</td><td>WEDERSON ADVINCULA SIQUEIRA
Senado Federal</td></tr>
<tr><td>DANILO CESAR MAGANHOTO DONEDA
Câmara dos Deputados</td><td>FERNANDO ANTONIO SANTIAGO JUNIOR
Câmara dos Deputados</td></tr>
<tr><td>HENRIQUE DE ALMEIDA AVILA
Conselho Nacional de Justiça</td><td>VALTER SHUENQUENER DE ARAUJO
Conselho Nacional de Justiça</td></tr>
<tr><td>MOACYR REY FILHO
Conselho Nacional do Ministério Público</td><td>DANIEL CARNIO COSTA
Conselho Nacional do Ministério Público</td></tr>
<tr><td>JOSÉ GUSTAVO SAMPAIO GONTIJO
Comitê Gestor da Internet no Brasil</td><td>HARTMUT RICHARD GLASER
Comitê Gestor da Internet no Brasil</td></tr>
</table>

Organizações da sociedade civil com atuação comprovada em proteção de dados pessoais	RODRIGO BADARÓ ALMEIDA DE CASTRO	FABRO BOAZ STEIBEL
	BRUNO RICARDO BIONI	MARIA LUMENA BALABEN SAMPAIO
	MICHELE NOGUEIRA LIMA	DAVIS SOUZA ALVES
Instituições científicas, tecnológicas e de inovação	LAURA SCHERTEL FERREIRA MENDES	ANA CARLA BLIACHERIENE
	FABIANO MENKE	LEONARDO NETTO PARENTONI
	CLÁUDIO SIMÃO DE LUCENA NETO	CAITLIN SAMPAIO MULHOLLAND
Confederações sindicais representativas das categorias econômicas do setor produtivo	NATASHA TORRES GIL NUNES	FRANCISCO SOARES CAMPELO FILHO
	CÁSSIO AUGUSTO MUNIZ BORGES	MARCOS VINÍCIUS BARROS OTTONI
	FLÁVIO BOSON GAMBOGI	TAÍS CARVALHO SERRALVA
Entidades representativas do setor empresarial relacionado à área de tratamento de dados pessoais	ANA PAULA MARTINS BIALER	VITOR MORAIS DE ANDRADE
	ANNETTE MARTINELLI DE MATTOS PEREIRA	FÁBIO AUGUSTO ANDRADE

Entidades representativas do setor laboral	PATRICIA PECK GARRIDO PINHEIRO	CLÁUDIO EDUARDO LOBATO ABREU ROCHA
	DÉBORA SIROTHEAU SIQUEIRA RODRIGUES	EMERSON ROCHA

Já o processo da sua segunda formação foi encerrado com a publicação dos Decretos de 25 de junho de 2024[12], em que o Presidente da República designou novos membros, além de reconduzir e destituir membros da primeira formação do referido conselho consultivo.

O CNPD teve seu Regimento Interno publicado em maio de 2022, por meio da Resolução CNPD n. 1, de 6 de maio de 2022, e atualizado em 2024, pela Resolução CNPD n. 2, de 26 de setembro de 2024, responsável por incorporar as mudanças na composição do Conselho em decorrência da vinculação da autarquia ao Ministério da Justiça e Segurança Pública (MJSP) e alterar a qualificação dos integrantes. O Conselho se reunirá em caráter ordinário, no mínimo, três vezes ao ano e, em caráter extraordinário, sempre que convocado por seu Presidente, nos termos do Regimento Interno.

O CNPD ainda conta com grupos de trabalho temporários que buscam realizar análises, estudos e fazer proposições a respeito de matérias atuais que merecem um acompanhamento contínuo junto à ANPD, entre elas a pauta da educação e capacitação em proteção de dados[13].

12 Disponível em: https://www.in.gov.br/web/dou/-/decretos-de-25-de-junho-de-2024-567977376. Acesso em: 2 abr. 2025.

13 Para acompanhar a composição e as atividades do CNPD, basta acessar o *link*: https://www.gov.br/anpd/pt-br/cnpd-2. Acesso em: 30 maio 2025.

9.

Análise comparativa com o regulamento europeu (GDPR)

O tema da proteção dos dados pessoais teria sido mais bem recepcionado em sede de um tratado internacional, visto que a natureza atual dos fluxos de dados nos negócios é transfronteiriça.

Na União Europeia, conseguiu-se alcançar o objetivo de consolidar em um único regulamento geral a regra de 27 Estados-Membros, conquistado com o GDPR; a mesma sorte não houve nas demais regiões do planeta. Há hoje leis nacionais sobre a matéria nos demais países que fizeram com que as instituições, dependendo do tipo de operação do seu negócio, tivessem que construir uma matriz de análise comparativa (direito comparado) para analisar qual a regra aplicável em determinado caso concreto que envolva dados de um determinado titular. No caso dos EUA, isso se reflete ainda em leis por Estados da Federação[1].

Apenas a título ilustrativo, uma instituição brasileira que capture dados no Brasil, em território nacional, mas que tenha um aplicativo que permita que o cliente seja de qualquer cidadania, nacionalidade, residência, e, portanto, o usuário do serviço, titular dos dados, pode

1 Para acompanhar, veja gráfico disponível em https://iapp.org/media/images/resource_center/State_Comp_Privacy_Law_Map.png. Acesso em: 30 maio 2025.

ser um europeu, que mantém sua vida em um país da União Europeia, mas está temporariamente a trabalho no Brasil, utiliza cartão de crédito internacional, acaba por atrair, em termos de aplicação de leis e jurisdição para a sua operação, tanto a regulamentação nacional (LGPD) como também a regulamentação europeia (GDPR). Se essa instituição brasileira utilizar recursos na nuvem e fizer a guarda internacional dos dados pessoais em outro país, poderá atrair ainda outras regulamentações (como o *Cloud Act*, dos EUA).

Considerando a comparação entre a LGPD e o GDPR, ambas as legislações têm como objetivo o regramento do tratamento de dados pessoais, buscando em si a defesa dos direitos fundamentais das pessoas naturais.

ITEM DE CONFORMIDADE	REGIME BRASILEIRO (LGPD)	REGIME EUROPEU (GDPR)
Definição e distinção do que são dados pessoais e dados sensíveis. Tal conceituação busca delimitar os direitos e as informações protegidas pelo ordenamento jurídico	Define que dado pessoal é qualquer informação que identifique ou torne identificável a pessoa natural; já dados sensíveis são dados pessoais sobre etnia, raça, crenças religiosas, opiniões políticas, dados genéticos/biométricos, além de informações sobre filiações a organizações quaisquer da pessoa natural.	Adota os mesmos princípios e conceitos para realizar a distinção e delimitação dos direitos relativos aos dados pessoais e dados sensíveis, e ainda pontua considerações acerca dos dados genéticos, biométricos e os relativos à saúde.
Obrigatoriedade do consentimento do usuário para a coleta de informações e limitação do tratamento do dado conforme finalidade	A coleta e o tratamento de dados só poderão ser realizados se o usuário (dono dos dados ou responsável legal no caso de menores legais) der consentimento.	Prevê a necessidade de uso do dado conforme a finalidade apontada. Traz exceções de tratamento por motivo de interesse público, segurança e saúde.

Obrigatoriedade do consentimento do usuário para a coleta de informações e limitação do tratamento do dado conforme finalidade	Todo agente deve apontar finalidade certa, garantida e justificável ao tratamento do dado. Além disso, deve garantir que ele será utilizado somente para tal finalidade.	
Distinção entre titularidade e responsabilidade sobre os dados, assim como delimitação das funções e responsabilidades assumidas no tratamento de dados	Titular é a pessoa natural a quem se referem os dados que são objeto de tratamento; por outro lado, o responsável é a pessoa física ou jurídica, de direito público ou privado, que realiza decisões sobre o tratamento de dados. São definidos dois agentes de tratamento: o responsável – cuja competência é decidir sobre o tratamento dos dados – e o operador – a pessoa natural ou jurídica, de direito público ou privado, que realiza o tratamento dos dados. Ambos os agentes são juridicamente responsáveis pela segurança e privacidade dos dados.	Há a mesma distinção entre titularidade e agentes, mas os agentes são divididos em controlador e processador de dados. O controlador é quem realiza as decisões acerca do tratamento de dados; o processador, quem efetua o tratamento dos dados. Ambos são responsáveis pelo tratamento dos dados.
Indicação de um encarregado pela comunicação entre os agentes, titulares e órgãos competentes	Além dos agentes, aponta-se a necessidade da indicação de um encarregado – pessoa natural – pela comunicação de qualquer informação ou fato relevante em relação ao tratamento dos dados. Ele deve atuar como um canal entre os agentes, titulares e órgãos	Aponta que o controlador deve ter uma pessoa responsável por tudo que seja relacionado à proteção de dados (DPO).

Indicação de um encarregado pela comunicação entre os agentes, titulares e órgãos competentes	competentes e deve ser indicado pela organização responsável pelo tratamento (Agente de Proteção de Dados).	
Aplicação de mecanismos e práticas pautadas no livre acesso à informação e na transparência entre os usuários e as organizações	Do consentimento ao fornecimento de dados ao término do tratamento dos dados, as informações acerca do processo devem ser claras, acessíveis e adequadas à linguagem e compreensão do usuário, de forma que o seu consentimento possa ser revogado a qualquer momento. O consentimento do usuário deve ser realizado por escrito ou de qualquer outro modo que demonstre a sua livre manifestação da vontade.	Os titulares também têm direito a informações claras e acessíveis do início ao fim do tratamento do dado, podendo revogar o consentimento a qualquer momento.
Aplicação de medidas de segurança e dever de reportar	Da mesma forma que as organizações são responsáveis no caso de incidentes – como vazamentos – no tratamento dos dados, devem aplicar medidas de prevenção e proteção à segurança dos dados que manuseiam, como anonimização e encriptação das informações. Ainda assim, no caso de qualquer incidente é obrigação da organização notificar as autoridades imediatamente.	Também aponta que as empresas devem criar medidas – como pseudonimização e encriptação de dados – para garantir a segurança de forma preventiva. No caso de qualquer incidente, a notificação às autoridades deve ser imediata.

Possibilidade de alteração e exclusão do dado pessoal	O titular do dado pode alterar ou excluir seu dado pessoal a qualquer momento, exceto nas hipóteses previstas na lei, como fins fiscais, por exemplo. Da mesma forma, assim que o tratamento de dados chegar ao final – seja porque cumpriu sua finalidade, seja porque o usuário revogou seu consentimento –, as informações devem ser eliminadas.	Os titulares dos dados também podem alterar ou excluir seus dados.
Aplicação de sanções no caso do descumprimento das regras	As punições variam entre advertências, aplicação de multas, suspensão e até mesmo proibição das atividades relacionadas ao tratamento de dados. Essas punições variam de forma gradativa de acordo com cada caso, conforme a gravidade do dano, a condição econômica do infrator, a reincidência, a boa-fé do infrator etc., e devem ser investigadas por meio de um processo administrativo que assegura o contraditório, a ampla defesa e o direito de recurso. As multas podem ser simples ou diárias, com valor relativo a 2% do faturamento da organização privada, limitadas a um total de R$ 50 milhões por infração.	Também prevê a aplicação de sanções gradativas e multas administrativas, que podem chegar a 20 milhões de euros ou a 4% do faturamento anual da empresa.

Criação de um órgão competente para fiscalizar e zelar pela proteção de dados pessoais e da privacidade	Criada a Autoridade Nacional de Proteção de Dados Pessoais (ANPD).	Possui um Órgão de Controle e Fiscalização de Proteção de Dados Pessoais por Estado (27) e aplica o princípio do Balcão único.

Devido às semelhanças encontradas, faz-se extremamente necessário acompanhar regularmente as novas regulamentações internacionais, aplicações de penalidades e guias de entendimentos, para que a LGPD seja mais bem compreendida em pontos em que existem lacunas, como em relação ao relatório de impacto à proteção de dados pessoais, a entendimentos a respeito de dados biométricos e a regras de boas práticas e de governança.

Por outro lado, a versão brasileira consegue trazer hipóteses de bases legais não previstas pelo GDPR, o que demonstra uma adaptação às particularidades nacionais, como a base legal específica de proteção de crédito, que permite o tratamento sem necessidade de consentimento.

Uma boa forma de acompanhar os recentes entendimentos e posicionamento das autoridades de proteção de dados da Europa é por meio do *site* GDPR *Enforcement Tracker*[2], que consolida todas as sanções aplicadas por força do GDPR.

Destacamos aqui algumas decisões recentes que podem impactar diretamente a forma de tratamento de dados pessoais e podem servir de base e inspiração para a ANPD, quando do julgamento de processos sancionadores.

2 Disponível em: https://www.enforcementtracker.com/.

Data Protection Authority of Ireland (DPC): transferência internacional – não oferecimento de nível de proteção para dados pessoais substancialmente equivalente ao do GDPR

A Autoridade de Proteção de Dados da Irlanda (DPC) multou a Meta Platforms Ireland Limited em 1,2 bilhão de euros. Essa é a maior multa imposta até hoje sob o Regulamento Geral de Proteção de Dados (GDPR). Em sua decisão, a DPC concluiu que a Meta violou o art. 46 do GDPR ao continuar transferindo dados pessoais para os EUA após a decisão Schrems II do Tribunal de Justiça da União Europeia (TJUE). De acordo com a decisão Schrems II, a legislação dos EUA não oferece um nível de proteção para dados pessoais substancialmente equivalente ao fornecido pela legislação da UE, e as cláusulas-padrão contratuais (SCCs) também não oferecem proteção suficiente. A Meta baseou suas transferências de dados nas SCCs e em salvaguardas adicionais próprias. No entanto, durante sua investigação, a DPC determinou que essas medidas adicionais não compensaram as proteções inadequadas oferecidas pela legislação dos EUA. Após a investigação, a DPC submeteu um esboço de decisão a outras autoridades de supervisão envolvidas, conforme o art. 60 do GDPR. Em resposta, a DPC recebeu objeções das autoridades de supervisão, o que levou a um procedimento de resolução de disputas perante o Comitê Europeu de Proteção de Dados (EDPB). Em sua decisão, o EDPB pediu à DPC que alterasse a multa proposta e a adaptasse à gravidade da violação da proteção de dados. A DPC também ordenou a cessação de qualquer transferência futura de dados pessoais para os EUA, bem como a cessação do armazenamento, no prazo de seis meses, dos dados já transferidos para os EUA. A Meta anunciou que recorrerá da decisão e buscará a suspensão das ordens na Justiça[3].

---

3 Disponível em: https://www.enforcementtracker.com/ETid-1844.

Italian Data Protection Authority (Garante): *SI* – medidas técnicas e organizacionais insuficientes para garantir a segurança da informação

A Autoridade de Proteção de Dados da Itália (DPA) multou a Enel Energia SpA em 79,1 milhões de euros devido à falta de conformidade com medidas técnicas e organizacionais destinadas a limitar abusos potenciais por agências que realizaram atividades de telemarketing de forma ilegal. Segundo a DPA, a Enel Energia adquiriu até 978 contratos de quatro empresas previamente sancionadas, embora estas não fizessem parte da rede de vendas da empresa de energia. Além disso, após inspeções subsequentes na Enel Energia, a DPA constatou que os sistemas de informação utilizados pela empresa para gestão de clientes e ativação de serviços apresentavam sérias falhas de segurança. A Enel não implementou as medidas necessárias para prevenir as atividades ilegais de agentes não autorizados, que mantiveram por anos um negócio ilícito por meio de chamadas indesejadas, promoções de serviços e assinatura de contratos sem benefícios reais para os clientes, ao identificar "portas de entrada" fáceis nos sistemas de informação da empresa[4].

French Data Protection Authority (CNIL): falhas na coleta de consentimento e processamento de dados pessoais

A Autoridade de Proteção de Dados da França (DPA) impôs uma multa de 40 milhões de euros à Criteo. A controladora é especializada em "publicidade de retargeting", o que envolve o acompanhamento do comportamento de navegação dos usuários da internet por meio dos chamados rastreadores Criteo (*cookies*) para exibir anúncios personalizados. Durante a investigação, a DPA

4 Disponível em: https://www.enforcementtracker.com/ETid-2306.

constatou várias deficiências no processamento de dados. Primeiramente, a DPA concluiu que a controladora não conseguiu provar que os usuários da internet haviam dado consentimento para serem rastreados pelos rastreadores Criteo. Além disso, a controladora não garantiu que seus parceiros obtivessem o consentimento dos usuários da internet cujos dados estavam sendo processados. A DPA também verificou que a política de privacidade da controladora não estava completa, pois não listava todos os propósitos para os quais os dados estavam sendo processados. Ademais, alguns dos propósitos não estavam claramente definidos. A controladora tampouco respondeu adequadamente às solicitações dos titulares dos dados sobre suas informações pessoais. A DPA também constatou que, quando os titulares dos dados solicitavam a retirada de seu consentimento ou a exclusão de seus dados, a controladora apenas garantia que os usuários não visualizassem mais anúncios personalizados. No entanto, a controladora não excluía os dados pessoais dos titulares. Por fim, a DPA verificou que o acordo entre a controladora e um controlador conjunto estava incompleto. Ao determinar o valor da multa, a DPA considerou o fato de que um grande número de indivíduos foi afetado, o que foi considerado um fator agravante[5].

Information Commissioner's Office (ICO): falhas na proteção de dados de crianças menores de 13 anos

A Autoridade de Proteção de Dados do Reino Unido (ICO) multou o TikTok em 14,5 milhões de euros, pois descobriu que mais de um milhão de crianças britânicas menores de 13 anos estavam utilizando a rede social sem o consentimento de seus pais. A ICO criticou o TikTok por não implementar controles adequados

5 Disponível em: https://www.enforcementtracker.com/ETid-1912.

para identificar e remover menores de idade da plataforma. Além disso, constatou que a empresa não forneceu aos usuários da plataforma informações suficientes e facilmente compreensíveis sobre a coleta, o uso e a divulgação de seus dados. Por essa razão, a ICO concluiu que o TikTok não garantiu que os dados pessoais de seus usuários fossem processados de forma legal, justa e transparente[6].

Por fim, ressalta-se que a ANPD já possui, além de acordo de cooperação técnica com a AEPD (Agência Espanhola de Proteção de Dados), cujo objetivo geral é a colaboração na disseminação e aplicação da Lei de Proteção de Dados Pessoais[7], outras parcerias com objetivos diversos. Dentre essas destacam-se a RLPD (Rede Lusófona de Proteção de Dados)[8], cujo objetivo é instituir mecanismos de cooperação e um fórum permanente de intercâmbio entre os partícipes, a fim de possibilitar a transferência internacional de dados com respeito aos direitos fundamentais e o acordo de cooperação técnica e regulatória em casos de violação de dados pessoais com o Comissariado Canadense para a Proteção da Privacidade (OPC)[9].

---

6 Disponível em: https://www.enforcementtracker.com/ETid-1730.

7 Disponível em: https://www.gov.br/anpd/pt-br/assuntos/noticias/mou-anpd-aepd-pt.pdf.

8 Disponível em: https://www.gov.br/anpd/pt-br/assuntos/noticias/anpd-assina-declaracao-pela-criacao-da-rede-lusofona-de-protecao-de-dados.

9 Disponível em: https://www.gov.br/anpd/pt-br/assuntos/noticias/anpd-e-o-comissariado-canadense-para-a-protecao-da-privacidade-firmam-memorando-de-entendimento.

10.

Como ficar em conformidade com a nova lei – *checklist*

Atender aos requisitos da LGPD exige adequação dos processos de governança corporativa, com implementação de um programa mais consistente de *compliance* digital, o que demanda investimento, atualização de ferramentas de segurança de dados, revisão documental, melhoria de procedimentos e fluxos internos e externos de dados pessoais, com aplicação de mecanismos de controle e trilhas de auditoria e, acima de tudo, mudança de cultura.

A LGPD traz um grande impacto social e econômico. O usuário brasileiro titular de dados pessoais precisará saber o que é proteção de dados pessoais, assim como haverá necessidade de se disponibilizar recursos financeiros para que o sistema da pequena empresa e de *startups* possam se adequar.

A *vacatio legis* foi de 24 meses, conforme atualização dada pela Lei n. 13.853/2019, havendo, ainda, prorrogação devido à pandemia da covid-19. Como resultado, a LGPD entrou em vigor em setembro de 2020; já suas multas ficaram programadas para início em 1º de agosto de 2021, mas, ainda assim, para muitos, esse prazo continuou sendo considerado curto, sopesando o contexto brasileiro.

A lei prevê e exige, de forma geral, que existam encarregados da proteção dos dados pessoais nas organizações[1]. O controlador e o operador devem pensar em regras e meios técnicos para proteger os dados pessoais e comprovar sua efetividade nas empresas, seja por aplicação de recursos de anonimização, controle de acesso, procedimentos, políticas de gestão e treinamentos para equipes. Fica a questão de quem deve ser esta pessoa e como fazer o treinamento e a seleção desse profissional na organização, seja ele interno ou terceirizado.

Além disso, agora, todo e qualquer programa de conformidade já precisa ser iniciado com as premissas do *privacy by design*, e os projetos em andamento devem ser adaptados para atender aos mesmos princípios, ou seja, estar preparados para atender à nova realidade regulatória brasileira e internacional.

Para iniciar a implementação dos requisitos de conformidade à LGPD, o primeiro passo é a realização de um levantamento. Ou seja, deve-se fazer uma análise de diagnóstico para identificar como a instituição está no tocante aos indicadores de conformidade e o que falta para atender aos controles exigidos. Para tanto, a primeira atividade é fazer o inventário dos dados pessoais (quais são e onde estão). Depois, deve-se montar a matriz de tratamento dos dados pessoais (quais os tipos de tratamento e para que finalidades). Em seguida, como está sendo feito o controle de gestão de consentimentos. Com esse panorama, é desenvolvido o mapa de risco e elaborado o plano de ação, que permite fazer a cotação dos investimentos necessários às conformidades, implementadas, em geral, em quatro níveis: no nível técnico (ferramentas), documental (atualizar normas, políticas, contratos), procedimental (adequar a governança e a gestão dos dados

---

1 A exceção está prevista na Resolução CD/ANPD n. 2/2022, que dispensa a obrigatoriedade de nomeação do encarregado aos agentes de pequeno porte, que não realizem tratamento de alto risco.

pessoais) e cultural (realizar treinamentos e campanhas de conscientização das equipes, dos parceiros, fornecedores e clientes).

A complexidade da implementação desse tipo de regulamentação se dá pelo fato de que os negócios estão globalizados, e o fluxo de dados está internacionalizado ainda mais com os recursos digitais e a internet. Logo, há necessidade de se aplicar uma abordagem de direito comparado e de direito internacional.

Dependendo do ramo do negócio, da empresa e da maturidade da governança dos dados pessoais, é fundamental criar um programa de *compliance* digital, com *risk assessment*, planos de respostas a incidentes, treinamentos e comunicação e *due diligence* de terceiros, que considere o contexto multissetorial dentro do negócio, possuindo uma visão holística para a legislação nacional e internacional.

Em resumo, o passo a passo consiste:

a) na revisão e atualização das políticas e dos avisos de privacidade para estar em conformidade com as novas regulamentações de proteção de dados pessoais;
b) na atualização das cláusulas de contratos (seja com titular de dados pessoais, consumidor final ou funcionário);
c) na atualização das cláusulas de contratos com os parceiros e fornecedores que realizam algum tipo de tratamento de dados, principalmente fornecedores de soluções de gestão de informação, nuvem, monitoramento, mensageria, *e-mail marketing*, *credit score*, *big data*, mídias sociais (coleta, produção, recepção, classificação, acesso, utilização, transmissão, armazenagem, processamento, eliminação e enriquecimento);
d) no mapeamento do fluxo de dados para registrar o ciclo de vida do dado (coleta, uso, compartilhamento, enriquecimen-

to, armazenamento nacional ou internacional, com ou sem uso de nuvem, eliminação e portabilidade), para atribuição de bases legais, bem como para definição da nova governança junto a TI dos controles de consentimento;

e) no modelo de resposta para o *Notice Letter* do Órgão de Controle de Dados (sobre nível de conformidade da empresa e controles auditáveis) para prevenção a aplicação de multas e fiscalizações;

f) no modelo de *checklist* de *compliance* de avaliação de terceiros, para uso da área de compras para novos fornecedores e parceiros, que precisarão estar em conformidade com as novas regulamentações de proteção de dados pessoais;

g) no modelo para gestão e guarda de trilha de auditoria para gestão dos *logs* de consentimento e fins de prestação de contas.

NOVO MODELO DE DATA ETHICS

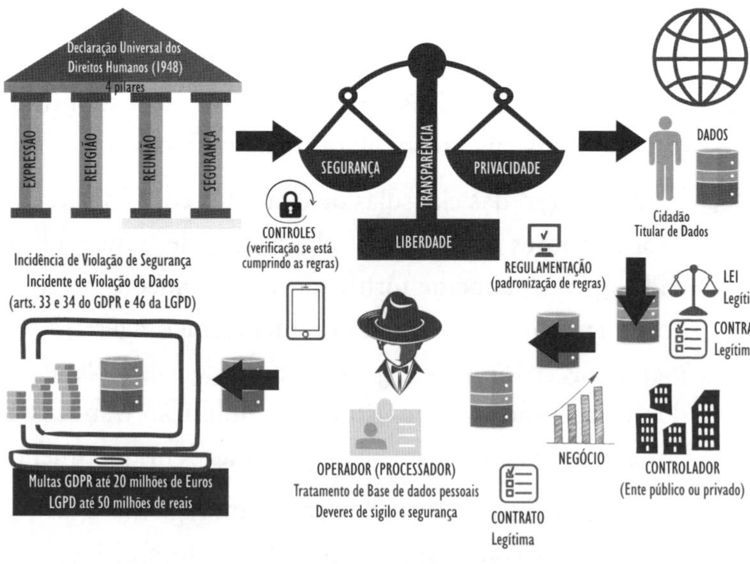

Lista de documentos que precisam ser atualizados:

- Mapa de fluxo de dados pessoais (*Personal Data Flow Map*).
- Tabela de temporalidade e de guarda de *logs* de consentimento.
- Política de gestão de dados pessoais (que deve ser assinada inclusive *inter companies* - entre empresas do mesmo grupo econômico, entre matriz e filiais).
- Política para tratamento de dados pessoais para terceirizados (*providers* que realizam tratamento de dados pessoais - vários procedimentos trazidos no GDPR e na LGPD sobre fluxo, padrão de criptografia, guarda de *logs* etc.).
- Termo de uso e Política de privacidade (atualizar batendo tratamento x finalidade de uso x justificativa jurídica x matriz de consentimentos, novos direitos dos usuários como portabilidade, exclusão, minimização de uso, limitação e outros).
- Contratos (atualizar com cláusulas que preveem GDPR e LGPD).
- NDA (atualizar com cláusulas que preveem GDPR e LGPD).
- *Checklist Compliance* (atualizar com cláusulas que preveem GDPR e LGPD).
- Código de Conduta (atualizar com cláusulas que preveem respeito à proteção de dados pessoais).
- Política de Segurança da Informação (atualizar com cláusulas que preveem GDPR e LGPD).

Importante destacar que, dentro da jornada da conformidade com as novas regulamentações de proteção de dados pessoais, a instituição precisará implementar toda uma nova documentação, e alguns documentos trazidos como exigência da nova lei merecem maior esclarecimento, como é o caso do Relatório de Impacto à

Proteção de Dados[2] (RIPD ou DPIA), do LIA (*Legitimate Interests Assessment*) e do PIA (*Privacy Impact Assessment*)[3].

O que é o DPIA?

O DPIA ou RIPD[4] é um documento obrigatório tanto no regulamento europeu quanto no brasileiro e funciona como um controle das atividades e riscos envolvidos no tratamento de dados pessoais. Este documento de controle serve como um mitigador de riscos e ferramenta de prevenção a incidentes e pode ser requisitado a qualquer momento pela autoridade, conforme o art. 38 da LGPD[5].

Neste documento devem constar a descrição dos processos de tratamento de dados pessoais que podem gerar riscos às liberdades civis e aos direitos fundamentais, como a natureza, o escopo, contexto, finalidade e necessidade do tratamento, bem como medidas, salvaguardas e mecanismos de mitigação de risco. É um documento muito importante como prova de conformidade para os agentes

---

2 Conforme art. 5º, XVII, da LGPD, o relatório de impacto à proteção de dados pessoais é a documentação do controlador que contém a descrição dos processos de tratamento de dados pessoais que podem gerar riscos às liberdades civis e aos direitos fundamentais, bem como medidas, salvaguardas e mecanismos de mitigação de risco. A ANPD publicou recomendações para a elaboração do RIPD, disponível em: https://www.gov.br/anpd/pt-br/canais_atendimento/agente-de-tratamento/relatorio-de-impacto-a-protecao-de-dados-pessoais-ripd. Acesso 30 maio 2025.

3 Recomenda-se a consulta das ISOs 29134 e 31000 para melhor compreensão das técnicas que envolvem a aplicação de tais ferramentas.

4 No Portal Governo Digital é possível acessar um *template* completo de RIPD pelo *link*: https://www.gov.br/ebserh/pt-br/acesso-a-informacao/tratamento-de-dados-pessoais/orientacoes-e-modelos/guia_template_ripd.docx.

5 Importante notar que, embora o RIPD esteja sendo equiparado ao DPIA, o primeiro é mais amplo e abrangente, enquanto este último é mais específico e mais bem delimitado.

de tratamento de dados, lembrando que "O propósito de um DPIA não é eliminar todos os riscos, mas sim minimizar a existência destes, bem como verificar se os riscos remanescentes são justificáveis"[6].

O que é PIA?

O PIA é a análise realizada para verificar o impacto relacionado ao risco de privacidade que determinado tratamento pode ocasionar. Sua aplicação é muito comum quando o tratamento envolve uma base de dados pessoais sensíveis ou que possui alguma condição mais especial (como a base de dados de menores de idade ou pessoas idosas[7]), ou, ainda, quando há algum risco intrínseco de origem (base de dados obtida publicamente).

O que é um LIA?

O LIA, também chamado teste de ponderação, é utilizado sempre que o controlador optar por utilizar como justificativa para o tratamento de sua base de dados pessoais a base legal do legítimo interesse. É uma análise feita para avaliar os fundamentos que baseiam o legítimo interesse envolvido no tratamento de dados pessoais, evitando que arbitrariedades ocorram na prática do tratamento de dados. Pode utilizar uma ferramenta ou apenas ser um relatório de verificação.

A análise do LIA deve considerar quatro indicadores (pilares):

- ☐ Finalidade – descrição e verificação do real interesse no tratamento do dado pessoal (art. 10, *caput*, I);

---

6 BRAZ JR., Marcilio. Das etapas de elaboração de um DPIA. *Jota*, 27 de abr. de 2019.

7 Devido a mudança da classificação de risco dos dados de idosos trazida pela Resolução n. 02/2022 da ANPD.

- ☐ Necessidade – utilização mínima e de dados estritamente necessários ao tratamento pretendido (para se atingir a finalidade necessária) (art. 10, § 1º);
- ☐ Balanceamento – compatibilidade do tratamento e expectativa do titular (art. 10, II);
- ☐ Salvaguardas – mecanismos de garantias para viabilizar os direitos de titulares quanto ao tratamento de seus dados pessoais e a transparência na realização do processo (art. 10, §§ 2º e 3º).

Todas as ferramentas são úteis e necessárias ao longo do tratamento de dados, pois permitem que as instituições adotem mais controles e transparência em seus procedimentos.

Além disso, pela importância dos debates, um ponto fundamental na implementação da conformidade é o aviso de *cookies*, que merece também um aprofundamento aqui para maiores considerações a respeito.

Em linhas gerais, os *cookies* podem ser definidos como pequenos arquivos criados pelos *websites* no âmbito da comunicação do protocolo HTTP, que ficam salvos no computador do usuário por meio do navegador utilizado. Embora pequenos, tais arquivos contêm informações de identificação do usuário visitante do *site*.

Tecnicamente há tipos de *cookies*. Eles podem ser "persistentes" ou chamados ainda de "*cookies* primários". Estes são gerenciados pela empresa dona do *site*, ou seja, associados ao domínio do *host*. Os outros *cookies* são considerados "de sessão", excluídos após o término da sessão de um usuário.

O mais interessante sobre esses arquivos é que eles não possuem limite na capacidade de armazenamento de informações. Em outras palavras, as mais variadas informações pessoais sobre um titular de dados, como seu endereço de *e-mail*, preferências de acesso ao *site*, cidade de realização do acesso, horário, e até hábitos de navegação e comportamento podem ser capturados.

Em razão de tais características, sob o aspecto da proteção de dados, *cookies* são considerados delicados e preocupantes, já que podem armazenar diversas informações pessoais de um titular de dados e, consequentemente, aumentar os problemas de incidentes de privacidade. A ANPD publicou um guia orientativo específico para *cookies*[8].

No caso do GDPR há uma classificação de *cookies* que considera o seguinte[9]:

✓ ***Cookies* estritamente necessários**: são os essenciais para navegar no *site*, acessar ambientes seguros e realizar compras *on-line*.

✓ ***Cookies* de preferência ou de funcionalidades**: estão relacionados com o *site* lembrar seu nome, última sessão (visita), preferências de idioma e localidade.

✓ ***Cookies* estatísticos ou de *performance***: referem-se a que páginas você visita, o que clica e quanto tempo fica navegando.

✓ ***Cookies* de *marketing***: geram um *tracking* das suas atividades, são mais persistentes e normalmente envolvem ofertas, anúncios e informações de terceiros.

Portanto, entende-se que é uma obrigação das instituições deixar em evidência a forma pela qual manuseia os *cookies* em seu *site*, garantindo sempre o acesso à informação e transparência no uso dos dados. No caso do GDPR há uma menção explícita aos

---

8 Disponível em: https://www.gov.br/anpd/pt-br/centrais-de-conteudo/materiais-educativos-e-publicacoes/guia-orientativo-cookies-e-protecao-de-dados-pessoais.pdf. Acesso em: 25 maio 2025.

9 Fonte: https://gdpr.eu/cookies/. Acesso em: 3 abr. 2025.

cookies no Recital 30[10], que prevê o seu uso baseado no legítimo interesse ou com o consentimento expresso. Destacamos o trecho do GDPR que cita o uso dos *cookies*:

> (30) As pessoas singulares podem ser associadas a identificadores por via eletrônica, fornecidos pelos respetivos aparelhos, aplicações, ferramentas e protocolos, tais como endereços IP (protocolo internet) ou testemunhos de conexão (*cookie*) ou outros identificadores, como as etiquetas de identificação por radiofrequência. Estes identificadores podem deixar vestígios que, em especial quando combinados com identificadores únicos e outras informações recebidas pelos servidores, podem ser utilizados para a definição de perfis e a identificação das pessoas singulares.

Complementa-se ainda que em outros países essa discussão já está mais avançada, como é o caso da Espanha. A Agencia Española de Protección de Datos (AEPD) possui guia para uso de *cookies* desde 2019, cuja última atualização com novos critérios se deu em julho de 2023. Assim, os novos critérios deveriam ser implementados, no mais tardar, até 11 de janeiro de 2024, estabelecendo, portanto, um período de transição de seis meses para a adaptação[11].

Nesse documento, a autoridade deixou claro que cabe às empresas garantir que o usuário de um *site* tenha acesso a informações claras sobre a política de *cookies* adotada e que o consentimento

10 Recital 30 do GDPR: "Natural persons may be associated with online identifiers provided by their devices, applications, tools and protocols, such as internet protocol addresses, cookie identifiers or other identifiers such as radio frequency identification tags. This may leave traces which, in particular when combined with unique identifiers and other information received by the servers, may be used to create profiles of the natural persons and identify them".

11 Fonte: https://www.aepd.es/prensa-y-comunicacion/notas-de-prensa/aepd-actualiza-guia-cookies-para-adaptarla-a-nuevas-directrices-cepd. Acesso em: 3 abr. 2025.

deve ser sempre informado e possível, ou seja, deve haver a opção de aceite ou não aceite.

Em linhas gerais, o guia espanhol pontua a necessidade de garantir:

✓ **Informações claras**: de maneira que as informações sobre os *cookies* devem ser concisas, claras e transparentes, para não deixar dúvidas para o usuário. Neste sentido, informações como que o são *cookies*, quais informações eles armazenam e como se dá sua gestão devem ser essenciais.

✓ **Consentimento informado e possível:** o consentimento deve ser direcionado de acordo com o tipo de *cookies* adotado, a função/finalidade dada aos arquivos, assim como se os *cookies* coletados são próprios da empresa ou se pertencem e/ou serão compartilhados com terceiros.

Em termos práticos, a principal dúvida que fica para as empresas é se é possível adotar a fórmula "continuar a navegar" como compreensão de consentimento do usuário, ou seja, se o meu usuário não deu o aceite e continuou utilizando meu *site*, posso entender isso como um consentimento válido? De acordo com a AEPD, não é possível entender esse comportamento como consentimento: "Se o botão 'Aceitar *cookies*' ou 'Sim' não for pressionado, o usuário não está autorizando o uso de *cookies* (portanto, o uso de *cookies* não é legitimado se o usuário não clicar no botão para aceitar os *cookies* e simplesmente continuar navegando)"[12].

---

12 Tradução livre. Texto original: "Si no se pulsa el botón 'Aceptar cookies' o 'Sí', el usuario no está autorizando el uso de cookies (por lo tanto, no está legitimado el uso de cookies si el usuario no pulsa el botón para aceptar cookies y simplemente continúa navegando)" (AGENCIA ESPAÑOLA DE PROTECCIÓN DE DATOS. Guía sobre el uso de las cookies. Madrid: AEPD, mayo 2024, p. 21).

Esse entendimento ratifica a postura das empresas em garantir o consentimento do usuário de maneiras diversas. Nesse sentido, o guia inclusive traz "Modalidades de obtenção de consentimento" e destaque para a obtenção de consentimento de menores de 14 anos.

A última multa aplicada pela Agência em relação ao uso de *cookies* se deu em 2023, no valor de 12 mil euros. Esta apontava que "o design de um *banner* de *cookies* utilizava os chamados *dark patterns*, com o *pop-up* oferecendo aos usuários apenas a escolha entre consentir ou acessar a página de configurações. Isso significava que não era possível para os usuários simplesmente recusarem o uso de *cookies*, sendo necessário fazê-lo por meio do menu de configurações e com vários cliques"[13].

Na LGPD não houve menção expressa quanto à utilização de *cookies*, especialmente quanto às bases legais aplicáveis, entretanto há um entendimento de que tal temática estaria implícita nos princípios do art. 6º, podendo haver ainda regulamentação futura específica da ANPD sobre o tema.

A ANPD iniciou a discussão sobre *cookies* em maio de 2022, quando emitiu as primeiras recomendações para adequação de prática de coleta de *cookies* do Portal Gov.br, que inclui a página da autoridade.

Os pontos tratados pela autoridade diziam respeito ao *banner* de primeiro nível, que conferia uma única opção ("aceito") ao usuário, de forma que o consentimento coletado seria nulo, por não ter sido dado de forma livre, informada e inequívoca; e à Política de *Cookies*, na qual as informações foram apresentadas de forma genérica, a fim de dificultar a compreensão por parte do usuário,

---

13 Disponível em: https://www.enforcementtracker.com/ETid-2104.

bem como as finalidades foram apresentadas de forma diluída, o que impossibilita a identificação de todas elas.

Em outubro de 2022, a ANPD publicou um Guia orientativo sobre *cookies* com novas orientações, conforme abaixo[14]:

Considerando as disposições trazidas pela Autoridade Nacional de Proteção de Dados (ANPD) no Guia Orientativo sobre *Cookies* e proteção de dados pessoais, elencamos abaixo algumas recomendações quanto à elaboração da Política de *Cookies*:

☐ Onde poderá ser disponibilizada a Política de *Cookies*?

- Em local específico e separado no *site*;
- No *banner* de *cookies*;
- Em seção específica da Política de Privacidade, devendo estar de forma destacada e de fácil acesso, com *link* direcionando ao tópico específico.

☐ Quais informações deverão constar na Política de *Cookies*?

- Canal de contato para que os titulares possam exercer seus direitos;
- Período de retenção dos dados pessoais coletados;
- Finalidade específica do uso dos *cookies*;
- Possibilidade de compartilhamento com terceiros.

Além da Política de *Cookies*, o Guia Orientativo determina que deverão ser disponibilizados *banners* de primeiro e segundo nível nos *sites*, os quais deverão possuir:

14 Conferir o Guia em: https://www.gov.br/anpd/pt-br/documentos-e-publicacoes/guia-orientativo-cookies-e-protecao-de-dados-pessoais.pdf.

☐ *Banners* de primeiro nível

- Botão que permita rejeitar todos os *cookies* não necessários;
- Botão de gerenciamento de *cookies*;
- *Link* de fácil acesso para que o titular possa exercer seus direitos.

☐ *Banners* de segundo nível

- Classificação e descrição dos *cookies* de acordo com seus usos e finalidades;
- Obtenção de consentimento para cada finalidade específica de *cookies*;
- Informações sobre como realizar o bloqueio de *cookies* pelas configurações do navegador.

A partir disso, embora a ANPD não tenha regulado a respeito da utilização de *cookies*, já deixou seu posicionamento claro quanto às boas práticas, transparência e bases legais aplicáveis, que seguem as diretrizes do GDPR, já mencionadas.

E o tratamento dos dados de pessoas falecidas?

Ainda no âmbito da implementação da nova regulamentação, há um aspecto que a LGPD não havia deixado muito claro, como o GDPR, que é o alcance ou não dos dados de pessoas falecidas.

A LGPD explicita em seu primeiro artigo que seu objetivo é proteger os direitos fundamentais de liberdade e de privacidade e o livre desenvolvimento da pessoa natural. Tendo em vista que a morte finda com a existência da pessoa natural, conforme o art. 6º do Código Civil[15], será que os dados de pessoas falecidas seriam protegidos pela LGPD?

---

15 "Art. 6º A existência da pessoa natural termina com a morte; presume-se esta, quanto aos ausentes, nos casos em que a lei autoriza a abertura de sucessão definitiva."

Essa dúvida suscitou muitas discussões, principalmente diante da análise do texto do GDPR, que, em seu recital n. 27, taxativamente deixa de fora a discussão sobre os dados de pessoas falecidas[16], delegando aos Países-Membros a decisão sobre como regular tais informações:

> (27) O presente regulamento não se aplica aos dados pessoais de pessoas falecidas. Os Estados-Membros poderão estabelecer regras para o tratamento dos dados pessoais de pessoas falecidas.

Ainda que haja essa lacuna no texto do regulamento de proteção de dados pessoais brasileiro, entende-se igualmente pela não aplicação da LGPD ao tratamento de dados pessoais de pessoas falecidas, uma vez que, nos termos do art. 1º, a LGPD aplica-se ao tratamento de dados pessoais da pessoa natural. Ademais, terminando com a morte a existência da pessoa natural, nos termos do art. 6º do Código Civil Brasileiro, infere-se a não aplicação da LGPD aos dados pessoais de pessoas falecidas.

Esse ponto foi totalmente esclarecido com a publicação da Nota Técnica n. 3/2023/CGF/ANPD, cujo item 5.5 dispõe: "[...] a LGPD se aplica apenas a informações relacionadas a pessoas naturais, ou seja, vivas, identificáveis ou identificadas. Os dados relativos a uma pessoa falecida não constituem dados pessoais para fins de LGPD e, portanto, não estão sujeitos ao nível de proteção da LGPD"[17].

---

16 Os itens 158 e 160 também excluem os dados de pessoas falecidas da proteção do GDPR em relação aos dados tratados para fins de arquivo e dados para fins de investigação histórica.

17 Disponível em: https://www.gov.br/anpd/pt-br/assuntos/noticias/NotaTecnica3CGF.ANPD.pdf.

Entretanto, ainda que as disposições da LGPD não se apliquem, há de se observar as demais legislações do ordenamento jurídico que regule a temática, como o Código Civil.

O art. 12, parágrafo único, do Código Civil trata da proteção garantida a pessoas falecidas:

> **Art. 12.** Pode-se exigir que cesse a ameaça, ou a lesão, a direito da personalidade, e reclamar perdas e danos, sem prejuízo de outras sanções previstas em lei.
>
> Parágrafo único. Em se tratando de morto, terá legitimação para requerer a medida prevista neste artigo o cônjuge sobrevivente, ou qualquer parente em linha reta, ou colateral até o quarto grau.

Nesses termos, é possível que o cônjuge sobrevivente ou demais parentes até 4º grau adotem medidas de segurança e proteção aos direitos da personalidade de pessoa falecida.

Algumas empresas têm tratado a questão minimamente em seus termos de uso. Como é o caso do "Instagram, que possibilita que qualquer usuário denuncie uma conta de alguém que faleceu para que ocorra a sua transformação em memorial, além de permitir que parentes diretos do usuário solicitem a remoção da conta. O Twitter (atual "X") também viabiliza a exclusão da conta de um usuário falecido por solicitação de familiares. O Facebook, por sua vez, confere a opção de o usuário expressar, em vida, se deseja manter sua conta como um memorial ou se quer excluí-la de forma permanente com a sua morte. O usuário pode, ainda, escolher um 'contato herdeiro' para administrar sua conta após a sua morte"[18].

Essa discussão retornou com o tratamento de dados pessoais para o treinamento de soluções de inteligência artificial, assim como devido ao uso de imagem e voz de pessoas falecidas em

---

18 Adaptado de: LEAL, Lívia. Proteção *post mortem* dos dados pessoais? *Jota*, 2019.

diversos tipos de situações, inclusive para fins publicitários. Importante acompanhar seus desdobramentos.

Dessa forma, ainda que a LGPD não se aplique ao tratamento de dados pessoais de falecidos, não significa dizer que referido tratamento possa ocorrer de forma indiscriminada, uma vez que o ordenamento jurídico brasileiro prevê uma tutela legal, conferida pelo Código Civil.

Transferência internacional de dados pessoais

Outro aspecto importante quanto à implementação da LGPD é a adequação do tratamento dos dados pessoais quando da transferência internacional.

A transferência internacional se caracteriza na transferência de dados pessoais para países estrangeiros ou organismos internacionais do qual os países sejam membros (art. 5º, XV, da LGPD).

O Regulamento Europeu (GDPR) trata de uma ordem hierárquica de mecanismos para a realização da transferência internacional, ou seja, para que a transferência seja realizada em conformidade com o regulamento, o país terceiro, território, setor específico ou a organização internacional em causa, deve ter uma decisão de adequação que demonstra que o país assegura um nível de proteção adequado, avaliado e aprovado pela Comissão Europeia.

Na falta de uma decisão de adequação, o controlador pode utilizar-se de salvaguardas como códigos de conduta, cláusulas contratuais padrão, certificações, entre outros, sendo que, igualmente na ausência de salvaguardas, existem exceções (chamadas de derrogações), que permitem transferências internacionais pontuais.

Diferentemente do GDPR, que trouxe uma ordem hierárquica de mecanismos para a realização da transferência internacional, a LGPD, em seu art. 33, trata de medidas singulares, sem grau de hierarquia umas entre as outras.

Nos termos da LGPD, a transferência internacional de dados pessoais será permitida nos seguintes casos:

(i) para países ou organismos internacionais que proporcionem grau de proteção de dados pessoais adequado ao previsto nesta Lei;

(ii) quando o controlador oferecer e comprovar garantias de cumprimento dos princípios, dos direitos do titular e do regime de proteção de dados previstos nesta Lei, na forma de: a) cláusulas contratuais específicas para determinada transferência; b) cláusulas-padrão contratuais; c) normas corporativas globais; e d) selos, certificados e códigos de conduta regularmente emitidos;

(iii) quando a transferência for necessária para a cooperação jurídica internacional entre órgãos públicos de inteligência, de investigação e de persecução, de acordo com os instrumentos de direito internacional;

(iv) quando a transferência for necessária para a proteção da vida ou da incolumidade física do titular ou de terceiro;

(v) quando a autoridade nacional autorizar a transferência;

(vi) quando a transferência resultar em compromisso assumido em acordo de cooperação internacional;

(vii) quando a transferência for necessária para a execução de política pública ou atribuição legal do serviço público, sendo dada publicidade nos termos do inciso I do *caput* do art. 23 desta Lei;

(viii) quando o titular tiver fornecido o seu consentimento específico e em destaque para a transferência, com informação prévia sobre o caráter internacional da operação, distinguindo claramente esta de outras finalidades; ou

(ix) quando necessário para atender as hipóteses previstas nos incisos II, V e VI do art. 7º desta Lei.

Embora a LGPD tenha trazido disposições iniciais acerca da transferência internacional, ficou a cargo da Autoridade Nacional de Proteção de Dados (ANPD) fazer a sua regulamentação.

Sendo assim, na agenda regulatória da ANPD para o biênio 2021-2022 trouxe o tema da regulamentação da transferência internacional de dados pessoais como fase 2 (primeiro semestre de 2022), a qual possuía a seguinte descrição:

> O art. 33, inciso I da LGPD, prevê que a transferência internacional de dados pessoais somente é permitida para países ou organismos internacionais que proporcionem grau de proteção de dados pessoais adequado ao previsto na referida lei. Por sua vez, o art. 34 explica que o nível de proteção de dados do país estrangeiro ou do organismo internacional poderá ser avaliado pela ANPD. O art. 35 da lei determina, ainda, que a definição do conteúdo de cláusulas-padrão contratuais, dentre outros, será realizada pela ANPD. Assim, é necessário regulamentar os arts. 33, 34 e 35 da LGPD, sem prejuízo dos demais temas tratados pelos artigos não mencionados neste texto.

Nesse sentido, seguindo sua agenda regulatória, em 18 de maio de 2022, a ANPD iniciou tomada de subsídios para ouvir especialistas sobre o tema, no intuito de obter contribuições, a partir da coleta de colaborações escritas da sociedade, para subsidiar a regulamentação da temática[19].

Como resultado, em 2024, a ANPD publicou a Resolução CD/ANPD n. 19, de 23 de agosto de 2024, aprovando o Regulamento

19 Disponível em: https://www.gov.br/participamaisbrasil/tomada-de-subsidios-transferencia-internacional. Acesso em: 1º abr. 2025.

de Transferência Internacional de Dados e o conteúdo das cláusulas-padrão contratuais. Conforme seu art. 2º:

> **Art. 2º** Esta Resolução entra em vigor na data de sua publicação.
>
> Parágrafo único. Os agentes de tratamento que utilizam cláusulas contratuais para realizar transferências internacionais de dados deverão incorporar as cláusulas-padrão contratuais aprovadas pela ANPD aos seus respectivos instrumentos contratuais, **no prazo de até 12 (doze) meses**, contados da data de publicação desta Resolução.

O prazo para tal adequação desse modo tem seu fim em 23 de agosto de 2025. Para fins de se garantir maior transparência e facilitar o entendimento das empresas e dos cidadãos sobre os mecanismos que regem a movimentação de dados pessoais para fora do território nacional, a ANPD disponibilizou página específica sobre Transferência Internacional de Dados (TID) em seu portal oficial[20].

A página ainda traz um FAQ com bons esclarecimentos, a título de exemplo:

> **Quando é possível utilizar as cláusulas contratuais específicas?**
>
> As cláusulas contratuais específicas somente podem ser utilizadas se previamente aprovadas pela ANPD. Tal aprovação apenas ocorrerá em situações excepcionais, quando, por razões de fato ou de direito devidamente comprovadas pelo interessado, for inviável utilizar as cláusulas-padrão contratuais. Essas circunstâncias excepcionais e as cláusulas devem ser submetidas à apreciação da ANPD, acompanhadas da documentação pertinente, conforme o previsto no Regulamento.
>
> **Como posso submeter um pedido de aprovação de cláusulas contratuais específicas, cláusulas-padrão contratuais equivalentes ou normas corporativas globais?**

20 Disponível em: https://www.gov.br/anpd/pt-br/assuntos/assuntos-internacionais/assuntos-internacionais-pt. Acesso em: 1º abr. 2025.

Os pedidos de aprovação devem ser feitos por meio do Sistema Eletrônico de Informações (SEI) da ANPD. A documentação exigida para instrução do pedido está detalhada no Regulamento e inclui, entre outros documentos, a íntegra das cláusulas ou normas propostas, bem como informações adicionais que comprovem a conformidade com os requisitos da LGPD.

Quem pode submeter o pedido de análise de cada mecanismo de transferência internacional de dados pessoais?

O Regulamento prevê quem são os legitimados para realizar o pedido de análise pela ANPD para cada mecanismo de transferência internacional de dados. No caso de cláusulas contratuais específicas, quem solicita sua análise é o controlador (art. 21), enquanto para cláusulas-padrão contratuais equivalentes o pedido pode ser apresentado por qualquer interessado (art. 18). Para as normas corporativas globais, o pedido pode ser apresentado por organizações do mesmo grupo ou conglomerado de empresas (art. 25). Finalmente, a emissão de decisões de adequação (art. 13) somente pode ser solicitada por órgãos ou entidades públicas. Vale mencionar que os procedimentos de emissão de decisão de adequação (art. 13) ou de aprovação de cláusulas equivalentes (art. 18) também poderão ser instaurados de ofício pela ANPD, por decisão do Conselho Diretor.

11.

Estudo de casos

Para melhor compreensão da aplicabilidade prática da Lei Geral de Proteção de Dados (LGPD) e demais legislações que tratem da privacidade e proteção de dados pessoais, apresentam-se os seguintes estudos de casos:

Caso I – Utilização de biometria para controle de fluxo de pessoas em ambiente privado

Um condomínio utiliza-se do reconhecimento facial para controlar o fluxo de pessoas que transitam no condomínio, para fins de segurança. Nesse caso, o tratamento deve ser realizado com base no consentimento ou outra base legal? Quais medidas devem ser adotadas para que o tratamento se dê em conformidade com a Lei Geral de Proteção de Dados?

✓ **Resolutiva:** O reconhecimento facial é tido como dado biométrico, que é considerado como dado pessoal sensível pela LGPD. Embora o art. 11, I, da legislação, que trata das hipóteses de tratamento de dados pessoais sensíveis, traga o consentimento, em primeiro momento, como a base legal a ser aplicada, o segundo inciso traz uma série de hipóteses que podem, igualmente, legitimar o tratamento de dados pessoais, não existindo uma hierarquia entre os incisos e alíneas.

Para que haja a correta atribuição da base legal ao tratamento dispensado aos dados pessoais, faz-se necessária a identificação da finalidade específica do tratamento. No caso apontado, a finalidade é de controle do fluxo de pessoas que transitam no condomínio, para fins de segurança.

Nessa hipótese, quando há um processo de identificação e autenticação do titular, o tratamento pode ser legitimado pela alínea *g* do inciso II do art. 11 da LGPD: "garantia da prevenção à fraude e à segurança do titular, nos processos de identificação e autenticação de cadastro em sistemas eletrônicos". Isso porque, para fins de segurança, o tratamento do dado biométrico do titular é necessário e o método mais eficaz para a finalidade de identificação e autenticação pessoal, não sendo, portanto, necessário o consentimento do titular.

De toda forma, ainda que o titular não precise consentir com o tratamento de seus dados pessoais, este deve estar ciente de que este tratamento ocorre e a forma pela qual ele ocorre, para fins de transparência. Assim, para que o tratamento de dados biométricos esteja em conformidade com a legislação, o condomínio deve fornecer um aviso de privacidade, de forma clara, simples e acessível, indicando, ao menos: a finalidade específica, forma e duração do tratamento; a identificação e contato do controlador; se há o compartilhamento de dados com terceiros; quais as responsabilidades dos agentes que realizarão o tratamento; e quais são os direitos que o titular pode exercer (art. 9º da LGPD).

Não obstante, pode existir a necessidade de se realizar um relatório de impacto à proteção de dados pessoais, por se tratar de dados pessoais sensíveis, em larga escala, e utilizando novas tecnologias. Deve-se lembrar que o uso de tecnologia emergente, assim como o tratamento de dados sensíveis, ambos os casos, são considerados tratamentos de alto risco pela Resolução n. 02/2022 da ANPD.

Mesmo que o caso não tratasse de biometria, que fosse o mero uso de câmeras para videovigilância, como ficaria então a base legal?

Nesse caso, seria possível o enquadramento em interesse legítimo do controlador conforme os arts. 7º, IX, e 10 da LGPD (por questão da segurança e por não ter dado pessoal sensível), o que permitiria o tratamento com exceção de consentimento. Contudo, mesmo assim, ainda seria necessário o aviso prévio para fins de ciência (atendendo-se ao princípio da transparência), o que poderia ser atendido com a colocação de placas de aviso.

Importante observar ainda que, se o uso da biometria ou do reconhecimento facial envolver outras finalidades, poder-se-á exigir análise da base legal mais adequada para legitimar o tratamento, dependendo do caso de uso. Em outros termos, se não envolver um processo de autenticação do titular, mas, sim, uma monitoração para fins de prevenção a crimes, entende-se que é possível aplicar a base legal prevista no art. 11, II, *d*, da LGPD (exercício regular de direitos, inclusive em contrato e em processo judicial, administrativo e arbitral).

O "exercício regular de direitos" se refere ao direito legítimo que um agente de tratamento possui de proteger ou defender seus interesses e prerrogativas, dentro dos limites da legislação. Em outras palavras, significa poder tratar dados sensíveis, a exemplo de dados biométricos, visando garantir a segurança, proteger seu patrimônio e prevenir fraudes, desde que isso seja feito de maneira proporcional e razoável, sem violar os direitos dos titulares de dados pessoais, inclusive atendendo prerrogativas de legítima defesa, nos termos dos arts. 23, II, e 25 do Código Penal.

Caso 2 – Utilização de imagem para registro de frequência escolar e de base legada

Uma instituição de ensino que ministra aula no formato a distância utiliza-se da imagem do aluno para confirmação de presença/permanência em sala de aula híbrida e elaboração do relatório de frequência escolar, essa uma obrigação legal. Ademais, possui prática de reunir os ex-alunos a cada dois anos de formado, para fins de se manter a interação entre os ex-alunos e a entidade. Quais medidas devem ser adotadas para que o tratamento se dê em conformidade com a LGPD?

✓ **Resolutiva:** A utilização de imagem do aluno para confirmação de presença e elaboração do relatório de frequência escolar é uma atividade válida e legitimada pelo art. 7º, II, da LGPD, uma vez que se trata de uma obrigação legal trazida pela Lei n. 9.394/96, que estabelece as diretrizes e bases da educação nacional.

Já em relação à prática da entidade de reunir os ex-alunos para alguma atividade de interação e relacionamento, nesse caso quando há tratamento de uma base legada, onde houve um vínculo pretérito, e uma expectativa razoável para o tratamento de dados ocorrer, é possível o tratamento desses dados pessoais ocorrer com base no legítimo interesse do controlador, previsto no art. 7º, IX, da LGPD. Considerando a base legal utilizada para legitimar o referido tratamento, é recomendado que a entidade de ensino realize uma avalição de legítimo interesse (LIA – *Legitimate Interests Assessment*), para realizar teste de ponderação entre o legítimo interesse da universidade em face dos direitos e garantias dos titulares em questão. Trata-se de uma análise feita para avaliar os fundamentos que baseiam o legítimo interesse envolvido no tratamento de dados pessoais, evitando que arbitrariedades ocorram na prática do tratamento de dados.

Não obstante, pode existir a necessidade de se realizar um relatório de impacto à proteção de dados pessoais, já que a ANPD poderá solicitar referido documento nos termos do art. 10, § 3º, da LGPD.

Por fim, há a necessidade de a instituição de ensino manter medidas técnicas e organizacionais voltadas à segurança dos dados pessoais, de forma que evite possíveis violações.

Caso 3 – Tratamento de dados de saúde

Uma academia está lançando um programa de bem-estar e performance para atletas maiores de 18 anos, com a finalidade de auxiliá-los a buscar melhoras em sua saúde e, consequentemente, em sua performance no esporte. Para isso, utiliza-se de um aplicativo, criado internamente com auxílio de especialistas da área, para medição de aspectos de saúde física e mental e inferências de performance nas atividades físicas e no esporte. A ferramenta indica quais ações devem ser adotadas pelo atleta, como a realização de exercícios físicos, acompanhamento nutricional, psiquiátrico, entre outros. O DPO da empresa X foi consultado para verificar como esse programa pode ser desenvolvido em conformidade com a LGPD. Qual deveria ser a resposta fornecida pelo DPO, considerando as disposições trazidas pela Lei Geral de Proteção de Dados?

✓ **Resolutiva:** O DPO da empresa X deverá informar que o programa intencionado poderá ser realizado, desde que observados alguns pontos em relação à LGPD.

De início, por se tratar de uma relação de prestação de serviço, entre o atleta e a academia, o tratamento dos dados pessoais para a medição de aspectos de saúde e performance poderá ser legitimado nos arts. 7º, IV, e 11, II, *d*, da LGPD, necessário para a execução do contrato.

Ainda que exista uma base que legitime o tratamento dos dados pessoais, há a necessidade da adoção de algumas medidas, visto que dados de saúde são tidos como dados pessoais sensíveis pela LGPD e necessitam de maior proteção.

Dessa forma, recomenda-se que seja fornecido aos atletas um aviso de privacidade, indicando, de forma clara, simples e acessível, a finalidade específica, forma e duração do tratamento; a identificação e contato do controlador; se há o compartilhamento de dados com terceiros; quais as responsabilidades dos agentes que realizarão o tratamento; e quais são os direitos que o titular pode exercer (art. 9º da LGPD).

Não obstante, tratando-se de dados pessoais sensíveis, em larga escala, e do uso de novas tecnologias, recomenda-se a elaboração de relatório de impacto à proteção de dados pessoais (RIPD). O RIPD é um documento que contém a descrição dos processos de tratamento de dados pessoais em questão, a avaliação de risco ao titular no tratamento, bem como a descrição de medidas, salvaguardas e mecanismos de mitigação dos riscos identificados.

Sendo assim, a academia deve manter medidas técnicas e organizacionais voltadas à segurança dos dados pessoais, de forma que evite possíveis violações, principalmente pelo fato de o tratamento se dar mediante a utilização de recursos tecnológicos.

Por fim, cabe destacar que o tratamento dos dados pessoais coletados a partir do programa deve ser única e exclusivamente para a realização da medição de saúde e performance do atleta, não podendo ser para outros fins. Caso isso ocorra, haverá um desvio de finalidade e o tratamento será tido como irregular ou ilícito. Se houver necessidade de alteração da finalidade, ela deverá ser comunicada, acompanhada pela atualização do aviso e da política. O mesmo ocorrerá caso seja necessário realizar compartilhamento de dados – tal ponto deve constar expressamente, conforme o art. 9º, V, da LGPD.

Caso 4 – Associação de aposentados

Uma associação de aposentados nacional, classificada como ente de pequeno porte, avaliando quais seriam as medidas a serem adotadas para a conformidade com a LGPD, resolveu não realizar a nomeação de um encarregado de dados pessoais, pois seria um ônus grande à associação no momento contratar um colaborador para essa posição. Considerando o exposto, o fato de a associação não nomear um encarregado de proteção de dados pessoais violaria os dispositivos da LGPD e suas demais regulamentações?

✓ **Resolutiva:** A Resolução CD/ANPD n. 2/2022 regula a aplicação da LGPD para agentes de tratamento de pequeno porte. Conforme o art. 11 da referida regulamentação, os agentes de pequeno porte não são obrigados a indicar o encarregado pelo tratamento de dados pessoais exigido no art. 41 da LGPD. Dessa forma, *a priori*, o posicionamento quanto a não nomeação de um encarregado não violaria as regras da LGPD. No entanto, considerando o modelo de negócio em questão, de uma associação com abrangência nacional de aposentados, os tratamentos realizados são tidos como de alto risco.

Isso porque a própria resolução dispõe que, quando o tratamento de dados pessoais de vulneráveis (crianças, adolescentes e pessoas idosas) ocorre em larga escala ou pode afetar significativamente interesses e direitos fundamentais dos titulares, esse tratamento é considerado de alto risco.

Por conseguinte, a associação de aposentados, com abrangência nacional, realiza um tratamento de alto risco[1] ao tratar dados pessoais de pessoas idosas em larga escala. Nesse caso, o agente de

---

1 Deve-se observar também o enquadramento de alto risco trazido pela Resolução n. 15 CD/ANPD.

tratamento de pequeno porte não poderá beneficiar-se do tratamento jurídico diferenciado previsto no regulamento.

Assim, a associação possui a obrigação de nomear um encarregado à proteção de dados pessoais, nos termos do art. 41 da LGPD. Entretanto, há de se ressaltar que o encarregado nomeado não precisa ser necessariamente um colaborador da associação, existindo a possibilidade de contratação de um terceiro que atue como DPO *as a service*, uma vez que, nos termos da LGPD, o encarregado pode ser tanto uma pessoa física quanto pessoa jurídica.

Caso 5 – Ataque de *ransomware* em entidade do setor de energia

Uma empresa do setor de energia foi alvo de um ataque de *ransomware*. O incidente ocorreu quando um grupo de cibercriminosos explorou uma vulnerabilidade na rede interna da organização e conseguiu infiltrar um malware que criptografou todos os arquivos críticos, incluindo dados operacionais e financeiros.

Os atacantes exigiram um alto valor em criptomoedas para a liberação dos dados, ameaçando a divulgação de informações sensíveis caso o pagamento não fosse feito.

✓ **Resolutiva**: Conforme previsto pela Resolução n. 15 da ANPD, havendo a ocorrência de um evento de violação de segurança da informação, é necessário ser apurado se há envolvimento de dados pessoais, por meio de uma análise detalhada tanto sob o aspecto qualitativo (perfil) como sob o quantitativo (volumetria).

A seguir, faz-se necessário verificar quais os tipos de violações envolvidas, tendo em vista os pilares da autenticidade, integridade, disponibilidade e confidencialidade.

Dependendo dessa apuração, haverá ou não obrigação de reportar à ANPD, com base nos critérios de risco ou dano relevante, dentro dos prazos previstos. A presença de dados pessoais sensíveis, dados financeiros, bem como dados de criança, adolescente ou pessoa idosa, é fator considerado de alto risco para fins de classificação da ocorrência.

Nesse caso, por ser uma entidade do setor de energia, como ocorre com outros setores regulados, será preciso verificar ainda a aplicação de regulamentações específicas, inclusive se for empresa aberta em bolsa.

Importante destacar que, se tiver sido possível restaurar o backup de dados e não tiver havido outros comprometimentos nem exposição da base, muito provavelmente não haverá a necessidade de reportar à ANPD nem aos titulares.

12.

Comentários à LGPD

LEI N. 13.709, DE 14 DE AGOSTO DE 2018

Lei Geral de Proteção de Dados Pessoais (LGPD).
(Redação dada pela Lei n. 13.853, de 2019)

O PRESIDENTE DA REPÚBLICA

Faço saber que o Congresso Nacional decreta e eu sanciono a seguinte lei:

Capítulo I
DISPOSIÇÕES PRELIMINARES

Art. 1º Esta Lei dispõe sobre o tratamento de dados pessoais, inclusive nos meios digitais, por pessoa natural ou por pessoa jurídica de direito público ou privado, com o objetivo de proteger os direitos fundamentais de liberdade e de privacidade e o livre desenvolvimento da personalidade da pessoa natural.

Parágrafo único. As normas gerais contidas nesta Lei são de interesse nacional e devem ser observadas pela União, Estados, Distrito Federal e Municípios.

A LGPD surge com o intuito de proteger direitos fundamentais como privacidade, intimidade, honra, direito de imagem e dignidade. Pode-se pontuar também que a necessidade de leis específicas para a proteção dos dados pessoais aumentou com o rápido desenvolvimento e a expansão da tecnologia no mundo, como resultado dos desdobramentos da globalização, que trouxe como uma de suas consequências o aumento da importância da informação. Isso quer dizer que a informação passou a ser um ativo de alta relevância para governantes e empresários: quem tem acesso aos dados, tem acesso ao poder.

Pensando nisso, a atuação das empresas no contexto digital trouxe consigo a necessidade de criação de mecanismos de regulação e proteção dos dados pessoais daqueles que utilizam serviços, compras ou realizam qualquer tipo de transação *on-line* que envolve o fornecimento de informações pessoais. Toda situação ou ação realizada no ambiente virtual faz parte da realidade de qualquer pessoa, portanto os direitos garantidos no "mundo *offline*" devem ser assegurados também no espaço virtual. Em virtude disso, é importante apontar que a lei brasileira não protege somente os dados pessoais nos meios digitais.

Assim como o GDPR – regulamento europeu que trata do assunto –, a LGPD advém da evolução e expansão dos direitos humanos e resulta da atualização/adaptação de documentos internacionais de proteção aos direitos humanos. No caso da Europa, é interessante destacar a Diretiva da União Europeia n. 95/46/CE, que por muito tempo foi referência em relação ao tratamento de dados não só na Europa, mas até em países de outros continentes, como Brasil, México, Argentina etc. Com a aprovação do GDPR, a Diretiva n. 95/46/CE foi revogada.

O GDPR ainda pontua em seu artigo (1) que toma por base o artigo 8º, n. 1, da Carta dos Direitos Fundamentais da União Europeia e o artigo 16º, n. 1, do Tratado sobre o Funcionamento da União Europeia. Embora a lei brasileira não faça menção a documentos específicos que originam o seu texto, é importante relembrar alguns tratados dos quais o país é signatário e que pontuam a questão dos dados pessoais: a Convenção de Berna de 1886 já tratava da base de dados em seu texto, embora ainda de forma um pouco indefinida e incipiente; o Acordo sobre Aspectos dos Direitos de Propriedade Intelectual relacionados ao Comércio (TRIPS – aprovado no Brasil em 1994), em seu artigo 10 (2), pontua que as compilações de dados devem receber o mesmo tratamento da criação intelectual, mas não se aprofunda em relação à proteção pessoal dos dados compilados.

Em relação às normas internas, o Brasil já previa algum tipo de proteção aos dados pessoais por meio dos seguintes dispositivos:

(i) Constituição Federal – art. 5º, X, XII e LXXII;

(ii) Código de Defesa do Consumidor – art. 43[1];

---

1 "Art. 43. O consumidor, sem prejuízo do disposto no art. 86, terá acesso às informações existentes em cadastros, fichas, registros e dados pessoais e de consumo arquivados sobre ele, bem como sobre as suas respectivas fontes. § 1º Os cadastros e dados de consumidores devem ser objetivos, claros, verdadeiros e em linguagem de fácil compreensão, não podendo conter informações negativas referentes a período superior a cinco anos. § 2º A abertura de cadastro, ficha, registro e dados pessoais e de consumo deverá ser comunicada por escrito ao consumidor, quando não solicitada por ele. § 3º O consumidor, sempre que encontrar inexatidão nos seus dados e cadastros, poderá exigir sua imediata correção, devendo o arquivista, no prazo de cinco dias úteis, comunicar a alteração aos eventuais destinatários das informações incorretas. § 4º Os bancos de dados e cadastros relativos a consumidores, os serviços de proteção ao crédito e congêneres são considerados entidades de caráter público. § 5º Consumada a prescrição relativa à cobrança de débitos do consumidor, não serão fornecidas, pelos respectivos Sistemas de Proteção ao Crédito, quaisquer informações que possam impedir ou dificultar novo acesso ao crédito junto aos fornecedores. § 6º Todas as informações de que trata o *caput* deste artigo devem ser disponibilizadas em formatos

(iii) Decreto n. 7.962/2013 (Comércio Eletrônico) – art. 4º, VII[2];

(iv) Marco Civil da Internet – arts. 7º, I, III, VII, VIII, IX, X, XI, e 11[3], §§ 1º e 2º.

---

acessíveis, inclusive para a pessoa com deficiência, mediante solicitação do consumidor."

2 "Art. 4º Para garantir o atendimento facilitado ao consumidor no comércio eletrônico, o fornecedor deverá: [...] VII – utilizar mecanismos de segurança eficazes para pagamento e para tratamento de dados do consumidor."

3 "Art. 7º O acesso à internet é essencial ao exercício da cidadania, e ao usuário são assegurados os seguintes direitos: I – inviolabilidade da intimidade e da vida privada, sua proteção e indenização pelo dano material ou moral decorrente de sua violação; [...] III – inviolabilidade e sigilo de suas comunicações privadas armazenadas, salvo por ordem judicial; [...] VII – não fornecimento a terceiros de seus dados pessoais, inclusive registros de conexão, e de acesso a aplicações de internet, salvo mediante consentimento livre, expresso e informado ou nas hipóteses previstas em lei; VIII – informações claras e completas sobre coleta, uso, armazenamento, tratamento e proteção de seus dados pessoais, que somente poderão ser utilizados para finalidades que: *a*) justifiquem sua coleta; *b*) não sejam vedadas pela legislação; e *c*) estejam especificadas nos contratos de prestação de serviços ou em termos de uso de aplicações de internet; IX – consentimento expresso sobre coleta, uso, armazenamento e tratamento de dados pessoais, que deverá ocorrer de forma destacada das demais cláusulas contratuais; X – exclusão definitiva dos dados pessoais que tiver fornecido a determinada aplicação de internet, a seu requerimento, ao término da relação entre as partes, ressalvadas as hipóteses de guarda obrigatória de registros previstas nesta Lei; XI – publicidade e clareza de eventuais políticas de uso dos provedores de conexão à internet e de aplicações de internet; [...]."

"Art. 11. Em qualquer operação de coleta, armazenamento, guarda e tratamento de registros, de dados pessoais ou de comunicações por provedores de conexão e de aplicações de internet em que pelo menos um desses atos ocorra em território nacional, deverão ser obrigatoriamente respeitados a legislação brasileira e os direitos à privacidade, à proteção dos dados pessoais e ao sigilo das comunicações privadas e dos registros. § 1º O disposto no *caput* aplica-se aos dados coletados em território nacional e ao conteúdo das comunicações, desde que pelo menos um dos terminais esteja localizado no Brasil. § 2º O disposto no *caput* aplica-se mesmo que as atividades sejam realizadas por pessoa jurídica sediada no exterior, desde que oferte serviço ao público brasileiro ou pelo menos uma integrante do mesmo grupo econômico possua estabelecimento no Brasil."

Importa destacar que a proteção de dados pessoais, inclusive nos meios digitais, foi inserida no rol de direitos fundamentais do art. 5º da Constituição Federal de 1988, no inciso LXXIX, através da Emenda Constitucional n. 115, de 2022. Ainda, referida emenda acrescentou a proteção de tratamento de dados pessoais no rol do art. 22 da Constituição Federal, de forma a competir privativamente à União legislar sobre a temática.

Art. 2º A disciplina da proteção de dados pessoais tem como fundamentos:

I – o respeito à privacidade;

II – a autodeterminação informativa;

III – a liberdade de expressão, de informação, de comunicação e de opinião;

IV – a inviolabilidade da intimidade, da honra e da imagem;

V – o desenvolvimento econômico e tecnológico e a inovação;

VI – a livre-iniciativa, a livre concorrência e a defesa do consumidor; e

VII – os direitos humanos, o livre desenvolvimento da personalidade, a dignidade e o exercício da cidadania pelas pessoas naturais.

A proteção aos direitos fundamentais é bastante evidente no art. 2º da LGPD, que pode ser relacionado ao texto constitucional brasileiro no que concerne ao conteúdo, haja vista que a Constituição Federal Brasileira é pautada na proteção aos direitos fundamentais. Entre os artigos constitucionais destacáveis, pode-se citar: art. 3º, I e II; art. 4º, II; art. 5º, X e XII; art. 7º, XXVII; e art. 219[4].

---

4 "Art. 3º Constituem objetivos fundamentais da República Federativa do Brasil: I – construir uma sociedade livre, justa e solidária; II – garantir o desenvolvimento nacional;"
"Art. 4º A República Federativa do Brasil rege-se nas suas relações internacionais pelos seguintes princípios: [...] II – prevalência dos direitos humanos;"
"Art. 5º Todos são iguais perante a lei, sem distinção de qualquer natureza, garantindo-se aos brasileiros e aos estrangeiros residentes no País a inviolabilidade do direito

Da mesma maneira, o GDPR aponta que o seu documento é pautado nos direitos fundamentais e visa proteger e garantir a privacidade, liberdade, segurança, justiça das pessoas, assim como promover o progresso econômico e social, além de garantir a segurança jurídica dos países: preâmbulo (1), (2), (13)[5]; artigo 1º (2)[6].

à vida, à liberdade, à igualdade, à segurança e à propriedade, nos termos seguintes: [...] X – são invioláveis a intimidade, a vida privada, a honra e a imagem das pessoas, assegurado o direito a indenização pelo dano material ou moral decorrente de sua violação; [...] XII – é inviolável o sigilo da correspondência e das comunicações telegráficas, de dados e das comunicações telefônicas, salvo, no último caso, por ordem judicial, nas hipóteses e na forma que a lei estabelecer para fins de investigação criminal ou instrução processual penal; [...]."

"Art. 7º São direitos dos trabalhadores urbanos e rurais, além de outros que visem à melhoria de sua condição social: [...] XXVII – proteção em face da automação, na forma da lei; [...]."

"Art. 219. O mercado interno integra o patrimônio nacional e será incentivado de modo a viabilizar o desenvolvimento cultural e socioeconômico, o bem-estar da população e a autonomia tecnológica do País, nos termos de lei federal. Parágrafo único. O Estado estimulará a formação e o fortalecimento da inovação nas empresas, bem como nos demais entes, públicos ou privados, a constituição e a manutenção de parques e polos tecnológicos e de demais ambientes promotores da inovação, a atuação dos inventores independentes e a criação, absorção, difusão e transferência de tecnologia."

5 "(1) A proteção das pessoas singulares relativamente ao tratamento de dados pessoais é um direito fundamental. [...]."

6 "[...] (2) Os princípios e as regras em matéria de proteção das pessoas singulares relativamente ao tratamento dos seus dados pessoais deverão respeitar, independentemente da nacionalidade ou do local de residência dessas pessoas, os seus direitos e liberdades fundamentais, nomeadamente o direito à proteção dos dados pessoais. O presente regulamento tem como objetivo contribuir para a realização de um espaço de liberdade, segurança e justiça e de uma união económica, para o progresso económico e social, a consolidação e a convergência das economias a nível do mercado interno e para o bem-estar das pessoas singulares. [...]

(13) A fim de assegurar um nível coerente de proteção das pessoas singulares no conjunto da União e evitar que as divergências constituam um obstáculo à livre circulação de dados pessoais no mercado interno, é necessário um regulamento que garanta a segurança jurídica e a transparência aos operadores económicos, incluindo as micro, pequenas e médias empresas, que assegure às pessoas singulares de todos os

Art. 3º Esta Lei aplica-se a qualquer operação de tratamento realizada por pessoa natural ou por pessoa jurídica de direito público ou privado, independentemente do meio, do país de sua sede ou do país onde estejam localizados os dados, desde que:

I – a operação de tratamento seja realizada no território nacional;

II – a atividade de tratamento tenha por objetivo a oferta ou o fornecimento de bens ou serviços ou o tratamento de dados de indivíduos localizados no território nacional;

III – os dados pessoais objeto do tratamento tenham sido coletados no território nacional.

§ 1º Consideram-se coletados no território nacional os dados pessoais cujo titular nele se encontre no momento da coleta.

§ 2º Excetua-se do disposto no inciso I deste artigo o tratamento de dados previsto no inciso IV do *caput* do art. 4º desta Lei.

O art. 3º da LGPD objetiva delimitar a abrangência do tratamento de dados no que concerne à sua territorialidade, destacando que se considera a lei aplicável aos dados coletados dentro do território nacional ou cujo objeto de transação – oferta de bens e serviços – tenha ocorrido dentro do território nacional; a mesma lógica vale para os titulares dos dados coletados, assim como foi previsto pelo Marco Civil da Internet, em seu art. 11, §§ 1º e 2º[7].

Estados-Membros o mesmo nível de direitos suscetíveis de proteção judicial e imponha obrigações e responsabilidades iguais aos responsáveis pelo tratamento e aos seus subcontratantes, que assegure um controlo coerente do tratamento dos dados pessoais, sanções equivalentes em todos os Estados-Membros, bem como uma cooperação efetiva entre as autoridades de controlo dos diferentes Estados-Membros. [...]."
"Artigo 1º Objeto e objetivos [...] 2. O presente regulamento defende os direitos e as liberdades fundamentais das pessoas singulares, nomeadamente o seu direito à proteção dos dados pessoais."

7 "Art. 11. Em qualquer operação de coleta, armazenamento, guarda e tratamento de registros, de dados pessoais ou de comunicações por provedores de conexão e de aplicações de internet em que pelo menos um desses atos ocorra em território nacional, deverão ser obrigatoriamente respeitados a legislação brasileira e os direitos à privacidade, à proteção dos dados pessoais e ao sigilo das comunicações privadas e

O GDPR pontua a questão da territorialidade no art. 3º, destacando que o regulamento se aplica ao tratamento de dados pessoais efetuados por controlador ou processador situados dentro do território da União, independentemente se o tratamento em si foi realizado dentro ou fora da União. O mesmo é válido para o tratamento realizado em relação às atividades mercadológicas – compra, venda de bens ou serviços – dos consumidores titulares da União. Portanto, ainda que o controle transacional não seja da União, o mero fato de os participantes da ação serem originários da União permite que o regulamento seja aplicado.

Importante deixar claro que a LGPD é aplicada a todos, não excetuando nenhuma categoria profissional ou setor de atuação.

Art. 4º Esta Lei não se aplica ao tratamento de dados pessoais:

I – realizado por pessoa natural para fins exclusivamente particulares e não econômicos;

II – realizado para fins exclusivamente:

a) jornalísticos e artísticos; ou

b) acadêmicos, aplicando-se a esta hipótese os arts. 7º e 11 desta Lei;

III – realizado para fins exclusivos de:

a) segurança pública;

b) defesa nacional;

c) segurança do Estado; ou

d) atividades de investigação e repressão de infrações penais; ou

---

dos registros. § 1º O disposto no *caput* aplica-se aos dados coletados em território nacional e ao conteúdo das comunicações, desde que pelo menos um dos terminais esteja localizado no Brasil. § 2º O disposto no *caput* aplica-se mesmo que as atividades sejam realizadas por pessoa jurídica sediada no exterior, desde que oferte serviço ao público brasileiro ou pelo menos uma integrante do mesmo grupo econômico possua estabelecimento no Brasil."

IV – provenientes de fora do território nacional e que não sejam objeto de comunicação, uso compartilhado de dados com agentes de tratamento brasileiros ou objeto de transferência internacional de dados com outro país que não o de proveniência, desde que o país de proveniência proporcione grau de proteção de dados pessoais adequado ao previsto nesta Lei.

§ 1º O tratamento de dados pessoais previsto no inciso III será regido por legislação específica, que deverá prever medidas proporcionais e estritamente necessárias ao atendimento do interesse público, observados o devido processo legal, os princípios gerais de proteção e os direitos do titular previstos nesta Lei.

§ 2º É vedado o tratamento dos dados a que se refere o inciso III do *caput* deste artigo por pessoa de direito privado, exceto em procedimentos sob tutela de pessoa jurídica de direito público, que serão objeto de informe específico à autoridade nacional e que deverão observar a limitação imposta no § 4º deste artigo.

§ 3º A autoridade nacional emitirá opiniões técnicas ou recomendações referentes às exceções previstas no inciso III do *caput* deste artigo e deverá solicitar aos responsáveis relatórios de impacto à proteção de dados pessoais.

§ 4º Em nenhum caso a totalidade dos dados pessoais de banco de dados de que trata o inciso III do *caput* deste artigo poderá ser tratada por pessoa de direito privado, salvo por aquela que possua capital integralmente constituído pelo poder público.

A delimitação da aplicabilidade da lei em relação aos tipos de dados que são considerados regulados pela LGPD demonstra que o tratamento de dados pessoais deve seguir um propósito certo e funcional, mas que não supere a liberdade de informação e expressão, a soberania, segurança e a defesa do Estado.

Da mesma forma, o uso doméstico com fins não econômicos não recebe a aplicação da lei, tendo em vista que um dos focos de ação do dispositivo é regular as atividades cujo objetivo seja a oferta ou o fornecimento de bens ou serviços. No caso do uso acadêmico, é necessário considerar que a utilização dos dados pessoais no tratamento em materiais didáticos e pesquisas universitárias faz parte da exceção do art. 4º.

Essa restrição do campo de alcance contribui para reduzir os impactos econômicos e sociais, visto que há elevados custos na implementação das exigências trazidas pela legislação de proteção de dados pessoais. Além disso, há sempre necessidade de equilibrar a proteção da privacidade (como um direito individual) e a proteção da segurança pública (como um direito coletivo), especialmente diante da obrigação de fortalecer o combate ao crime organizado, à fraude digital e ao terrorismo.

Nesse sentido, tivemos o anteprojeto para regulamentação do art. 4º, elaborado por uma Comissão de Juristas, presidida pelo Min. Nefi Cordeiro[8] e que teve ainda uma nova proposta apresentada pelo MJ[9]. Posteriormente, o deputado Coronel Armando (PL-SC) apresentou o PL n. 1.515/2022, cuja ementa dispõe: "Lei de Proteção de Dados Pessoais para fins exclusivos de segurança do Estado, de defesa nacional, de segurança pública, e de investigação e repressão de infrações penais" – ainda aguarda criação de Comissão Temporária pela Mesa.

Ainda sobre o assunto, em 2023 o Supremo Tribunal Federal (STF) julgou a ADC 51[10], que versava sobre a requisição de dados e comunicações armazenadas por empresas de tecnologia estrangeiras em investigações brasileiras. Como resultado, houve a ratificação da possibilidade de autoridades nacionais requisitarem

---

8 Minuta do anteprojeto disponível em: https://www.conjur.com.br/dl/anteprojeto-lei-disciplina-protecao.pdf.

9 Fonte: https://www.justica.gov.br/news/mj-apresenta-nova-versao-do-anteprojeto-de-lei-de-protecao-de-dados-pessoais/apl.pdf.

10 Fonte: https://www.stf.jus.br/arquivo/cms/bibliotecaConsultaProdutoBibliotecaPastaFachin/anexo/ADC51.pdf.

diretamente dados e comunicações eletrônicas de subsidiárias e representantes de empresas de tecnologia no Brasil, mesmo que os dados sejam controlados por empresas estrangeiras, nos casos específicos do art. 11 do Marco Civil da Internet e do artigo 18 da Convenção de Budapeste.

A limitação de atuação também é presente no GDPR, onde não abrangem-se os dados pessoais relativos às pessoas jurídicas, as informações anônimas ou anonimizadas que garantam que o titular não possa ser identificado ou identificável e os dados pessoais de pessoas falecidas, conforme o preâmbulo (14), (26) e (27). É importante pontuar que a questão da anonimização dos dados ainda levanta muitos questionamentos. De acordo com o atual estado da arte e desenvolvimento científico, pode-se afirmar a existência de um consenso científico sobre a impraticabilidade de um cenário de ausência de risco de reidentificação nas situações de tratamento de dados anonimizados[11].

Art. 5º Para os fins desta Lei, considera-se:

I – dado pessoal: informação relacionada a pessoa natural identificada ou identificável;

II – dado pessoal sensível: dado pessoal sobre origem racial ou étnica, convicção religiosa, opinião política, filiação a sindicato ou a organização de caráter religioso, filosófico ou político, dado referente à saúde ou à vida sexual, dado genético ou biométrico, quando vinculado a uma pessoa natural;

III – dado anonimizado: dado relativo a titular que não possa ser identificado, considerando a utilização de meios técnicos razoáveis e disponíveis na ocasião de seu tratamento;

11 ANPD. Estudo técnico sobre a anonimização de dados na LGPD: análise jurídica – versão 1.0. Brasília, nov. 2023. Disponível em: https://www.gov.br/anpd/pt-br/centrais-de-conteudo/documentos-tecnicos-orientativos/estudo_tecnico_sobre_anonimizacao_de_dados_na_lgpd___analise_juridica.pdf. Acesso em: 1º abr. 2025.

IV – banco de dados: conjunto estruturado de dados pessoais, estabelecido em um ou em vários locais, em suporte eletrônico ou físico;

V – titular: pessoa natural a quem se referem os dados pessoais que são objeto de tratamento;

VI – controlador: pessoa natural ou jurídica, de direito público ou privado, a quem competem as decisões referentes ao tratamento de dados pessoais;

VII – operador: pessoa natural ou jurídica, de direito público ou privado, que realiza o tratamento de dados pessoais em nome do controlador;

VIII – encarregado: pessoa indicada pelo controlador e operador para atuar como canal de comunicação entre o controlador, os titulares dos dados e a Autoridade Nacional de Proteção de Dados (ANPD);

IX – agentes de tratamento: o controlador e o operador;

X – tratamento: toda operação realizada com dados pessoais, como as que se referem a coleta, produção, recepção, classificação, utilização, acesso, reprodução, transmissão, distribuição, processamento, arquivamento, armazenamento, eliminação, avaliação ou controle da informação, modificação, comunicação, transferência, difusão ou extração;

XI – anonimização: utilização de meios técnicos razoáveis e disponíveis no momento do tratamento, por meio dos quais um dado perde a possibilidade de associação, direta ou indireta, a um indivíduo;

XII – consentimento: manifestação livre, informada e inequívoca pela qual o titular concorda com o tratamento de seus dados pessoais para uma finalidade determinada;

XIII – bloqueio: suspensão temporária de qualquer operação de tratamento, mediante guarda do dado pessoal ou do banco de dados;

XIV – eliminação: exclusão de dado ou de conjunto de dados armazenados em banco de dados, independentemente do procedimento empregado;

XV – transferência internacional de dados: transferência de dados pessoais para país estrangeiro ou organismo internacional do qual o país seja membro;

XVI – uso compartilhado de dados: comunicação, difusão, transferência internacional, interconexão de dados pessoais ou tratamento compartilhado de bancos de dados pessoais por órgãos e entidades públicos no cumprimento de suas competências legais, ou entre esses e entes privados, reciprocamente, com autorização específica, para uma ou mais modalidades de tratamento permitidas por esses entes públicos, ou entre entes privados;

XVII – relatório de impacto à proteção de dados pessoais: documentação do controlador que contém a descrição dos processos de tratamento de dados pessoais que podem gerar riscos às liberdades civis e aos direitos fundamentais, bem como medidas, salvaguardas e mecanismos de mitigação de risco;

XVIII – órgão de pesquisa: órgão ou entidade da administração pública direta ou indireta ou pessoa jurídica de direito privado sem fins lucrativos legalmente constituída sob as leis brasileiras, com sede e foro no País, que inclua em sua missão institucional ou em seu objetivo social ou estatutário a pesquisa básica ou aplicada de caráter histórico, científico, tecnológico ou estatístico; e

XIX – autoridade nacional: órgão da administração pública responsável por zelar, implementar e fiscalizar o cumprimento desta Lei em todo o território nacional.

A especificação dos termos utilizados no contexto dos dados pessoais é particularmente importante e visa resolver os problemas de conceituação e até mesmo categorização que as informações coletadas sofriam. A partir da LGPD, passa a ficar claro e apontável o que é ou não dado pessoal, assim como todos os processos, as técnicas ou os procedimentos relativos ao tratamento de dados[12].

12 Nesse sentido, interessante levantarmos dois questionamentos:

1. *Hash* biométrico como dado pessoal.

A técnica *hash*, segundo estudo preliminar da ANPD sobre a "Anonimização e pseudonimização para a proteção de dados pessoais" consiste em aplicar uma função matemática que recebe como entrada o dado pessoal em sua forma original e o mapeia para um valor de saída na forma de um dado pseudonimizado. O dado de entrada

O GDPR reserva o art. 4º para pontuar as definições dos principais termos utilizados no documento. É notável como a lei brasileira se espelhou no modelo adotado pelo documento europeu. Apesar de alguns termos e expressões se diferenciarem, os papéis e as funções de cada sujeito ou processo são equivalentes tanto no documento brasileiro quanto no europeu. É exemplo disso a questão do controlador/processador do GDPR, que no LGPD ganharam o nome de controlador/operador, cujas ações, funções e responsabilidades são equivalentes, só se modificando a nomenclatura adotada. Importante destacar que no caso do Brasil o encarregado de dados (DPO) ficou com um termo bem abrangente de pessoa (podendo, então, ser tanto pessoa física como jurídica), e há ainda

---

pode ter um tamanho arbitrário e a função de mapeamento deve objetivar ser irreversível e livre de colisões.

Assim, segundo a LGPD, a técnica *hash* seria um meio de pseudonimização dos dados, sendo definida em seu art. 13, § 4º, como "[...] tratamento por meio do qual um dado perde a possibilidade de associação, direta ou indireta, a um indivíduo, senão pelo uso de informação adicional mantida separadamente pelo controlador em ambiente controlado e seguro".

Ressalta-se que a LGPD não define em seu art. 5º o "dado pseudonimizado" e se este continua recebendo a proteção dada aos dados pessoais. Entretanto, ele é definido no estudo preliminar como dado que perde a possibilidade de associação, direta ou indireta, a um indivíduo, senão pelo uso de informação adicional mantida separadamente pelo controlador em ambiente controlado e seguro.

Desse modo, pode-se inferir que o *hash* biométrico não é dado pessoal, desde que a reversão do processo de pseudonimização não seja possível.

2. Nome social como dado pessoal sensível.

A utilização do nome social é um direito de pessoas transexuais, estando elas em processo de transição de gênero ou não, travestis ou outras expressões identitárias. Segundo as Nações Unidas:

"A identidade de gênero é diferente de orientação sexual – pessoas trans podem ter qualquer orientação sexual, incluindo heterossexual, homossexual, bissexual e assexual." Dessa forma, à luz do rol taxativo da LGPD no que diz respeito a dados pessoais sensíveis, o Nome Social, por si só, não deve ser categorizado como dado pessoal sensível.

o entendimento de que, como seria uma função de comunicação, ela poderia ser assumida por um comitê (grupo de pessoas representando setores, áreas, sob uma liderança), adequando-se conforme o modelo de governança de cada instituição[13].

---

13 A atuação do encarregado pelo tratamento de dados pessoais já possui regulamento próprio, aprovado pela Resolução CD/ANPD n. 18, de 16 de julho de 2024, que dispõe:
Art. 15. As atividades do encarregado consistem em:
I – aceitar reclamações e comunicações dos titulares, prestar esclarecimentos e adotar providências cabíveis;
II – receber comunicações da ANPD e adotar providências;
III – orientar os funcionários e os contratados do agente de tratamento a respeito das práticas a serem tomadas em relação à proteção de dados pessoais; e
IV – executar as demais atribuições determinadas pelo agente de tratamento ou estabelecidas em normas complementares.
Parágrafo único. Ao receber comunicações da ANPD, o encarregado deverá adotar as medidas necessárias para o atendimento da solicitação e para o fornecimento das informações pertinentes, adotando, entre outras, as seguintes providências:
I – encaminhar internamente a demanda para as unidades competentes;
II – fornecer a orientação e a assistência necessárias ao agente de tratamento; e
III – indicar expressamente o representante do agente de tratamento perante a ANPD para fins de atuação em processos administrativos, quando esta função não for exercida pelo próprio encarregado.
Art. 16. Cabe, ainda, ao encarregado, nos termos do art. 10, inciso II, deste Regulamento, prestar assistência e orientação ao agente de tratamento na elaboração, definição e implementação, conforme o caso, de:
I – registro e comunicação de incidente de segurança;
II – registro das operações de tratamento de dados pessoais;
III – relatório de impacto à proteção de dados pessoais;
IV – mecanismos internos de supervisão e de mitigação de riscos relativos ao tratamento de dados pessoais;
V – medidas de segurança, técnicas e administrativas, aptas a proteger os dados pessoais de acessos não autorizados e de situações acidentais ou ilícitas de destruição, perda, alteração, comunicação ou qualquer forma de tratamento inadequado ou ilícito;
VI – processos e políticas internas que assegurem o cumprimento da Lei n. 13.709, de 14 de agosto de 2018, e dos regulamentos e orientações da ANPD;
VII – instrumentos contratuais que disciplinem questões relacionadas ao tratamento de dados pessoais;
VIII – transferências internacionais de dados;

Art. 6º As atividades de tratamento de dados pessoais deverão observar a boa-fé e os seguintes princípios:

I – finalidade: realização do tratamento para propósitos legítimos, específicos, explícitos e informados ao titular, sem possibilidade de tratamento posterior de forma incompatível com essas finalidades;

II – adequação: compatibilidade do tratamento com as finalidades informadas ao titular, de acordo com o contexto do tratamento;

III – necessidade: limitação do tratamento ao mínimo necessário para a realização de suas finalidades, com abrangência dos dados pertinentes, proporcionais e não excessivos em relação às finalidades do tratamento de dados;

IV – livre acesso: garantia, aos titulares, de consulta facilitada e gratuita sobre a forma e a duração do tratamento, bem como sobre a integralidade de seus dados pessoais;

V – qualidade dos dados: garantia, aos titulares, de exatidão, clareza, relevância e atualização dos dados, de acordo com a necessidade e para o cumprimento da finalidade de seu tratamento;

VI – transparência: garantia, aos titulares, de informações claras, precisas e facilmente acessíveis sobre a realização do tratamento e os respectivos agentes de tratamento, observados os segredos comercial e industrial;

VII – segurança: utilização de medidas técnicas e administrativas aptas a proteger os dados pessoais de acessos não autorizados e de situações acidentais ou ilícitas de destruição, perda, alteração, comunicação ou difusão;

VIII – prevenção: adoção de medidas para prevenir a ocorrência de danos em virtude do tratamento de dados pessoais;

IX – não discriminação: impossibilidade de realização do tratamento para fins discriminatórios ilícitos ou abusivos;

IX – regras de boas práticas e de governança e de programa de governança em privacidade, nos termos do art. 50 da Lei n. 13.709, de 14 de agosto de 2018;

X – produtos e serviços que adotem padrões de design compatíveis com os princípios previstos na LGPD, incluindo a privacidade por padrão e a limitação da coleta de dados pessoais ao mínimo necessário para a realização de suas finalidades; e

XI – outras atividades e tomada de decisões estratégicas referentes ao tratamento de dados pessoais.

X – responsabilização e prestação de contas: demonstração, pelo agente, da adoção de medidas eficazes e capazes de comprovar a observância e o cumprimento das normas de proteção de dados pessoais e, inclusive, da eficácia dessas medidas.

A garantia da proteção dos direitos dos titulares dos dados pessoais é pautada na indicação de princípios relativos ao tratamento de dados pessoais, cuja ação deve respeitar os limites dos direitos fundamentais.

Esse é outro ponto da LGPD que demonstra a influência do GDPR na criação do documento brasileiro, que diz respeito aos princípios aplicados ao tratamento de dados pessoais. A LGPD destaca que o tratamento de dados pessoais deve observar a boa-fé e possuir finalidade, limites, prestação de contas, garantir a segurança por meio de técnicas e medidas de segurança, assim como a transparência e a possibilidade de consulta aos titulares.

O art. 5º do GDPR também comenta quais os princípios e limites que o tratamento de dados pessoais deve seguir, de maneira que a licitude, a lealdade, a transparência, a finalidade, o limite, a proporcionalidade, a exatidão, a integridade e a confidencialidade são algumas das principais características que o tratamento de dados deve seguir. Os arts. 12, 13 e 14 do regulamento europeu pontuam de maneira mais explícita os requisitos, limites e as regras para promoção da transparência das informações, das comunicações e exercício dos titulares dos dados.

Capítulo II
DO TRATAMENTO DE DADOS PESSOAIS

Seção I – Dos Requisitos para o Tratamento de Dados Pessoais

Art. 7º O tratamento de dados pessoais somente poderá ser realizado nas seguintes hipóteses:

I – mediante o fornecimento de consentimento pelo titular;

II – para o cumprimento de obrigação legal ou regulatória pelo controlador;

III – pela administração pública, para o tratamento e uso compartilhado de dados necessários à execução de políticas públicas previstas em leis e regulamentos ou respaldadas em contratos, convênios ou instrumentos congêneres, observadas as disposições do Capítulo IV desta Lei;

IV – para a realização de estudos por órgão de pesquisa, garantida, sempre que possível, a anonimização dos dados pessoais;

V – quando necessário para a execução de contrato ou de procedimentos preliminares relacionados a contrato do qual seja parte o titular, a pedido do titular dos dados;

VI – para o exercício regular de direitos em processo judicial, administrativo ou arbitral, esse último nos termos da Lei n. 9.307, de 23 de setembro de 1996 (Lei de Arbitragem);

VII – para a proteção da vida ou da incolumidade física do titular ou de terceiro;

VIII – para a tutela da saúde, exclusivamente, em procedimento realizado por profissionais de saúde, serviços de saúde ou autoridade sanitária;

IX – quando necessário para atender aos interesses legítimos do controlador ou de terceiro, exceto no caso de prevalecerem direitos e liberdades fundamentais do titular que exijam a proteção dos dados pessoais; ou

X – para a proteção do crédito, inclusive quanto ao disposto na legislação pertinente.

§ 1º (Revogado.)

§ 2º (Revogado.)

§ 3º O tratamento de dados pessoais cujo acesso é público deve considerar a finalidade, a boa-fé e o interesse público que justificaram sua disponibilização.

§ 4º É dispensada a exigência do consentimento previsto no *caput* deste artigo para os dados tornados manifestamente públicos pelo titular, resguardados os direitos do titular e os princípios previstos nesta Lei.

§ 5º O controlador que obteve o consentimento referido no inciso I do *caput* deste artigo que necessitar comunicar ou compartilhar dados pessoais com outros controladores deverá obter consentimento específico do titular para esse fim, ressalvadas as hipóteses de dispensa do consentimento previstas nesta Lei.

§ 6º A eventual dispensa da exigência do consentimento não desobriga os agentes de tratamento das demais obrigações previstas nesta Lei, especialmente da observância dos princípios gerais e da garantia dos direitos do titular.

§ 7º O tratamento posterior dos dados pessoais a que se referem os §§ 3º e 4º deste artigo poderá ser realizado para novas finalidades, desde que observados os propósitos legítimos e específicos para o novo tratamento e a preservação dos direitos do titular, assim como os fundamentos e os princípios previstos nesta Lei.

Assim como o GDPR, a LGPD traz hipóteses legais que possibilitam o tratamento de dados pessoais. Nota-se que neste artigo as hipóteses mencionadas referem-se tão somente ao tratamento de dados pessoais, excluindo-se o tratamento de dados pessoais sensíveis, que possui disposição própria no art. 11 da LGPD.

Importante esclarecer que não há hierarquia entre as bases legais. Este entendimento também foi consolidado no Enunciado 689 da IX Jornada de Direito Civil:

"ENUNCIADO 689 – Não há hierarquia entre as bases legais estabelecidas nos arts. 7º e 11 da Lei Geral de Proteção de Dados (Lei n. 13.709/2018)."

Outro ponto a se destacar, devido a sua relevância, é a questão do tratamento dos dados pessoais públicos e tornados manifestamente públicos pelo titular, conforme previsto nos §§ 3º e 4º. Isso é possível desde que preservada a boa-fé, transparência e a finalidade; logo, os dados não poderiam ser originários de um vazamento, por exemplo. Referidos dispositivos apenas ressaltam a ideia de que a LGPD foi editada para conferir proteção ao titular, quando do tratamento de seus dados pessoais, e não da impossibilidade de tratamento desses dados pelos agentes de tratamento.

Por fim, válido ressaltar que há iniciativa regulatória em relação à hipótese legal de Proteção ao Crédito prevista na Fase 3 da Agenda Regulatória 2025-2026. Segundo a ANPD: "A iniciativa regulatória sobre a hipótese legal de proteção ao crédito, prevista no art. 7º, X, da LGPD, poderá fornecer orientações aos agentes de tratamento acerca da sua aplicação, permitindo o equilíbrio entre o direito à privacidade dos titulares e a necessidade das instituições financeiras e demais agentes de tratamento de acessar informações relevantes para a análise de risco de crédito"[14].

Art. 8º O consentimento previsto no inciso I do art. 7º desta Lei deverá ser fornecido por escrito ou por outro meio que demonstre a manifestação de vontade do titular.

§ 1º Caso o consentimento seja fornecido por escrito, esse deverá constar de cláusula destacada das demais cláusulas contratuais.

§ 2º Cabe ao controlador o ônus da prova de que o consentimento foi obtido em conformidade com o disposto nesta Lei.

§ 3º É vedado o tratamento de dados pessoais mediante vício de consentimento.

§ 4º O consentimento deverá referir-se a finalidades determinadas, e as autorizações genéricas para o tratamento de dados pessoais serão nulas.

§ 5º O consentimento pode ser revogado a qualquer momento mediante manifestação expressa do titular, por procedimento gratuito e facilitado, ratificados os tratamentos realizados sob amparo do consentimento anteriormente manifestado enquanto não houver requerimento de eliminação, nos termos do inciso VI do *caput* do art. 18 desta Lei.

---

14 Disponível em: https://www.in.gov.br/en/web/dou/-/resolucao-n-23-de-9-de-dezembro-de-2024-601118310. Acesso em: 1º abr. 2025.

§ 6º Em caso de alteração de informação referida nos incisos I, II, III ou V do art. 9º desta Lei, o controlador deverá informar ao titular, com destaque de forma específica do teor das alterações, podendo o titular, nos casos em que o seu consentimento é exigido, revogá-lo caso discorde da alteração.

Um ponto de atenção bastante relevante é retratado pelo art. 8º, que é a questão do consentimento. Ao longo dos anos, a necessidade do consentimento na coleta dos dados, principalmente no ambiente virtual, foi ganhando importância em razão da sensibilidade e vulnerabilidade que as informações pessoais foram adquirindo com o desenvolvimento da tecnologia. Nesse sentido, garantir que as pessoas/usuários tenham ciência de que devem consentir o uso dos dados, assim como tenham direito de saber a finalidade da coleta e acesso ao seu conteúdo em qualquer momento, é primordial para a assegurar a liberdade e a privacidade.

Ao mesmo tempo, as empresas devem ter a liberdade de utilizar os dados de maneira transparente e ética em troca de um serviço ou acesso, tendo em vista que o desenvolvimento econômico também deve ser garantido a esses sujeitos. Importante destacar que cabe à instituição que realiza o tratamento a capacidade de demonstrar que estava legítima (detinha o registro do consentimento ou se enquadrava nas hipóteses de exceção). Como já observado, considerando o cenário brasileiro de preocupação com segurança, houve um cuidado com a questão de trazer garantias de exceções de consentimento, por exemplo, na situação da proteção do crédito.

O GDPR também pontua a importância primordial do consentimento até mesmo para a garantia da licitude do tratamento de dados a ser realizado ou em realização, como explicitam os arts. 6º e 7º. Nesse mesmo sentido, o regulamento pontua o quão essencial é a identificação do consentimento, tendo em vista que o silêncio ou a omissão não são considerados formas de consentir. Da mesma maneira, o GDPR destaca a liberdade de escolha do titular ante o consentimento, de maneira que a sua recusa ou revogação não lhe pode trazer quaisquer prejuízos.

Art. 9º O titular tem direito ao acesso facilitado às informações sobre o tratamento de seus dados, que deverão ser disponibilizadas de forma clara, adequada e ostensiva acerca de, entre outras características previstas em regulamentação para o atendimento do princípio do livre acesso:

I – finalidade específica do tratamento;

II – forma e duração do tratamento, observados os segredos comercial e industrial;

III – identificação do controlador;

IV – informações de contato do controlador;

V – informações acerca do uso compartilhado de dados pelo controlador e a finalidade;

VI – responsabilidades dos agentes que realizarão o tratamento; e

VII – direitos do titular, com menção explícita aos direitos contidos no art. 18 desta Lei.

§ 1º Na hipótese em que o consentimento é requerido, esse será considerado nulo caso as informações fornecidas ao titular tenham conteúdo enganoso ou abusivo ou não tenham sido apresentadas previamente com transparência, de forma clara e inequívoca.

§ 2º Na hipótese em que o consentimento é requerido, se houver mudanças da finalidade para o tratamento de dados pessoais não compatíveis com o consentimento original, o controlador deverá informar previamente o titular sobre as mudanças de finalidade, podendo o titular revogar o consentimento, caso discorde das alterações.

§ 3º Quando o tratamento de dados pessoais for condição para o fornecimento de produto ou de serviço ou para o exercício de direito, o titular será informado com destaque sobre esse fato e sobre os meios pelos quais poderá exercer os direitos do titular elencados no art. 18 desta Lei.

O art. 9º prende-se à questão da transparência das informações do tratamento de dados, apontando quais as características relativas ao livre acesso à informação. Nesse sentido, a clara exposição e o fácil acesso relativo à finalidade do tratamento, assim como sua forma, duração, além das informações acerca dos agentes que realizam o tratamento, são elementos essenciais. A gratuidade da consulta a essas informações também é uma garantia importante. Contudo, há pontos do artigo que ainda demandam regulamentação, sendo estes previstos no item 1 da Agenda Regulatória 2025-2026 (Direitos dos titulares).

O GDPR também preza pela transparência das informações do tratamento de dados, de maneira que do consentimento do titular até a possibilidade de revogação de tal consentimento o agente tenha a função de oferecer informações claras e de fácil acesso, pontuando ainda que o "consentimento deve ser tão fácil de retirar quanto de dar", conforme o art. 7º.

Importante destacar que toda a inteligência da regulamentação está amparada na premissa do dever de transparência, acima de tudo, mesmo quando não é hipótese de consentimento, devido a possibilidade trazida pelas exceções com justificativa em outras bases legais de tratamento, deve-se cumprir com os avisos para que o titular esteja ciente sobre as finalidades específicas do tratamento e sobre o compartilhamento de dados.

Art. 10. O legítimo interesse do controlador somente poderá fundamentar tratamento de dados pessoais para finalidades legítimas, consideradas a partir de situações concretas, que incluem, mas não se limitam a:

I – apoio e promoção de atividades do controlador; e

II – proteção, em relação ao titular, do exercício regular de seus direitos ou prestação de serviços que o beneficiem, respeitadas as legítimas expectativas dele e os direitos e liberdades fundamentais, nos termos desta Lei.

§ 1º Quando o tratamento for baseado no legítimo interesse do controlador, somente os dados pessoais estritamente necessários para a finalidade pretendida poderão ser tratados.

§ 2º O controlador deverá adotar medidas para garantir a transparência do tratamento de dados baseado em seu legítimo interesse.

§ 3º A autoridade nacional poderá solicitar ao controlador relatório de impacto à proteção de dados pessoais, quando o tratamento tiver como fundamento seu interesse legítimo, observados os segredos comercial e industrial.

A finalidade apontada pelo controlador para a realização do tratamento de dados deve ser pautada em fundamentações claras e legítimas, e somente os dados estritamente necessários devem ser coletados com vistas à garantia do direito a proteção à privacidade do titular. Da mesma maneira, a autoridade nacional deve garantir a emissão de relatórios relativos ao tratamento e seus impactos e deve respeitar as liberdades do controlador, como o segredo industrial e comercial.

Importante destacar que o tema do legítimo interesse do controlador foi objeto de Enunciado na IX Jornada de Direito Civil realizada pelo CJF, tendo trazido a seguinte redação:

"ENUNCIADO 683 – A legítima expectativa do titular quanto ao tratamento de seus dados pessoais se relaciona diretamente com o princípio da boa-fé objetiva e é um dos parâmetros de legalidade e juridicidade do legítimo interesse.

Justificativa: A Lei Geral de Proteção de Dados (Lei n. 13.709/1918) traz, no art. 10, parâmetros para a aplicação da base legal do legítimo interesse, que é um conceito jurídico indeterminado. A legítima expectativa baseia-se em um dever de lealdade e não frustração da confiança do titular de dados, de modo a garantir uma maior previsibilidade quanto à aplicação e interpretação do legítimo interesse.

A interpretação desta base legal deve necessariamente levar em consideração a forte influência do princípio da boa-fé no direito privado brasileiro e sua relação com a vedação do abuso de direito, que implica uma limitação ao tratamento de dados que não passe no teste do legítimo interesse. Tal orientação é condizente com as escolhas inscritas na Lei Geral de Proteção de Dados, que elege a boa-fé como princípio reitor dos demais princípios da lei (art. 6º, caput*), e também com a busca por se evitar um transplante legal inadequado da figura do legítimo interesse para o ordenamento jurídico nacional.*

Contudo, a legítima expectativa não é um valor absoluto, podendo ser flexibilizado se a análise do caso concreto revelar que o interesse do controlador ou de terceiros se sobrepõe à legítima expectativa (e.g., prevenção a fraudes), a partir de um equacionamento dos diversos aspectos do caso, o que se convencionou chamar teste do legítimo interesse."

O Guia Orientativo das Hipóteses Legais de Tratamento de Dados Pessoais – Legítimo Interesse[15] traz maiores orientações sobre a interpretação e a aplicação da hipótese legal, dispondo sobre as definições dos institutos que as cercam, além de parâmetros de interpretação. Também é fornecido um modelo de teste de balanceamento, dividido em três fases: i) finalidade; ii) necessidade; e iii) balanceamento e salvaguardas.

Apesar de o legítimo interesse trazer algumas possibilidades, ele não se aplica a dados pessoais sensíveis.

---

15 Disponível em: https://www.gov.br/anpd/pt-br/centrais-de-conteudo/materiais-educativos-e-publicacoes/guia_legitimo_interesse.pdf.

O GDPR destaca essa questão no art. 6º (1), d, e, f, (3), de maneira que impõe restrições à atuação tanto do sujeito que trata os dados como do Estado que requer a sua verificação/validação.

Seção II – Do Tratamento de Dados Pessoais Sensíveis

Art. 11. O tratamento de dados pessoais sensíveis somente poderá ocorrer nas seguintes hipóteses:

I – quando o titular ou seu responsável legal consentir, de forma específica e destacada, para finalidades específicas;

II – sem fornecimento de consentimento do titular, nas hipóteses em que for indispensável para:

a) cumprimento de obrigação legal ou regulatória pelo controlador;

b) tratamento compartilhado de dados necessários à execução, pela administração pública, de políticas públicas previstas em leis ou regulamentos;

c) realização de estudos por órgão de pesquisa, garantida, sempre que possível, a anonimização dos dados pessoais sensíveis;

d) exercício regular de direitos, inclusive em contrato e em processo judicial, administrativo e arbitral, este último nos termos da Lei n. 9.307, de 23 de setembro de 1996 (Lei de Arbitragem);

e) proteção da vida ou da incolumidade física do titular ou de terceiro;

f) tutela da saúde, exclusivamente, em procedimento realizado por profissionais de saúde, serviços de saúde ou autoridade sanitária; ou

g) garantia da prevenção à fraude e à segurança do titular, nos processos de identificação e autenticação de cadastro em sistemas eletrônicos, resguardados os direitos mencionados no art. 9º desta Lei e exceto no caso de prevalecerem direitos e liberdades fundamentais do titular que exijam a proteção dos dados pessoais.

§ 1º Aplica-se o disposto neste artigo a qualquer tratamento de dados pessoais que revele dados pessoais sensíveis e que possa causar dano ao titular, ressalvado o disposto em legislação específica.

> § 2º Nos casos de aplicação do disposto nas alíneas *a* e *b* do inciso II do *caput* deste artigo pelos órgãos e pelas entidades públicas, será dada publicidade à referida dispensa de consentimento, nos termos do inciso I do *caput* do art. 23 desta Lei.
>
> § 3º A comunicação ou o uso compartilhado de dados pessoais sensíveis entre controladores com objetivo de obter vantagem econômica poderá ser objeto de vedação ou de regulamentação por parte da autoridade nacional, ouvidos os órgãos setoriais do Poder Público, no âmbito de suas competências.
>
> § 4º É vedada a comunicação ou o uso compartilhado entre controladores de dados pessoais sensíveis referentes à saúde com objetivo de obter vantagem econômica, exceto nas hipóteses relativas a prestação de serviços de saúde, de assistência farmacêutica e de assistência à saúde, desde que observado o § 5º deste artigo, incluídos os serviços auxiliares de diagnose e terapia, em benefício dos interesses dos titulares de dados, e para permitir:
>
> I – a portabilidade de dados quando solicitada pelo titular; ou
>
> II – as transações financeiras e administrativas resultantes do uso e da prestação dos serviços de que trata este parágrafo.
>
> § 5º É vedado às operadoras de planos privados de assistência à saúde o tratamento de dados de saúde para a prática de seleção de riscos na contratação de qualquer modalidade, assim como na contratação e exclusão de beneficiários.

A importância do consentimento para a realização do tratamento de dados sensíveis é intrínseca à validade dessa ação, todavia há algumas situações em que tal consentimento pode ser relativizado (excetuado), como pontua o art. 11.

Essas situações são relacionadas ao cumprimento de obrigações legais por parte do controlador, à garantia da segurança do titular, à prevenção à fraude, à execução de políticas públicas, à proteção da vida/incolumidade física, assim como à tutela da saúde. Ainda que o tratamento de dados sensíveis seja realizado mediante a dispensa do consentimento, é obrigação do controlador publicizar essa situação.

Os dados sensíveis merecem tratamento especial porque em algumas situações a sua utilização mostra-se indispensável, porém o cuidado, o respeito e a segurança com tais informações devem ser assegurados, haja vista que – seja por sua natureza, seja por suas características – a sua violação pode implicar riscos significativos em relação aos direitos e às liberdades fundamentais da pessoa.

Houve um aumento considerável de tratamento de dados pessoais sensíveis devido à pandemia da covid-19, em geral justificado na base legal de cumprimento de obrigação legal ou, ainda, proteção da vida ou tutela da saúde.

Nesse sentido, está previsto na Agenda Regulatória da ANPD 2025-2026 o tema "Dados pessoais sensíveis: dados de saúde". Segundo a ANPD: "A ação regulatória deverá considerar as especificidades do Sistema Único de Saúde (SUS) e dos agentes de tratamento que atuam no setor, tais como as operadoras de saúde suplementar. Além disso, serão observados os requisitos e as especificidades decorrentes da regulação setorial"[16].

Além dos dados de saúde, outro ponto merece destaque quanto ao tratamento de dados pessoais sensíveis, é a utilização de reconhecimento facial[17], tido como dado biométrico, para segurança de estabelecimentos, como controle de entrada e saída de pessoas. Referido tratamento pode, inclusive, ser baseado na alínea *g* do art. 11, II, quando o tratamento for relacionado a processos de identificação e autenticação de cadastro em sistemas eletrônicos.

---

16 Disponível em: https://www.in.gov.br/en/web/dou/-/resolucao-n-23-de-9-de -dezembro-de-2024-601118310

17 Recomenda-se a leitura da publicação da ANPD Radar Tecnológico: Biometria e Reconhecimento Facial – Estudos Preliminares, n. 2, de 2024. Disponível em: https://www.gov.br/anpd/pt-br/centrais-de-conteudo/documentos-tecnicos-orientativos/radar-tecnologico-biometria-anpd-1.pdf.

O GDPR, em seu art. 9º, afirma que o consentimento é essencial no tratamento de dados sensíveis, embora haja exceções cujos procedimentos devem respeitar com a mesma seriedade e garantia da segurança ao tratamento. O regulamento europeu ainda pontua que as informações sensíveis que foram tornadas públicas pelo próprio titular também podem ter seu consentimento dispensado.

Sobre o uso de reconhecimento facial, em 2025 o EU AI Act entrou em vigor, regulando os sistemas de inteligência artificial segundo uma classificação de riscos. Neste, há sistemas de IA que fazem uso de reconhecimento facial que são considerados proibidos conforme o art. 5º do regulamento: (i) identificação biométrica remota em tempo real em espaços públicos para aplicação da lei (com exceções restritas para capturar criminosos, prevenir ameaças iminentes à vida ou realizar buscas direcionadas para vítimas de sequestro, tráfico humano, exploração sexual ou pessoas desaparecidas); (ii) sistemas de IA que criam ou expandem bancos de dados de reconhecimento facial por meio da coleta indiscriminada de imagens faciais da internet ou filmagens de câmeras de segurança; e (iii) sistemas de categorização biométrica de pessoas físicas para deduzir ou inferir sua raça, opiniões políticas, filiação sindical, crenças religiosas ou filosóficas, vida sexual ou orientação sexual[18].

Art. 12. Os dados anonimizados não serão considerados dados pessoais para os fins desta Lei, salvo quando o processo de anonimização ao qual foram submetidos for revertido, utilizando exclusivamente meios próprios, ou quando, com esforços razoáveis, puder ser revertido.

§ 1º A determinação do que seja razoável deve levar em consideração fatores objetivos, tais como custo e tempo necessários para reverter

18 Disponível em: https://www.financierworldwide.com/regulation-of -biometric-data-in-europe.

o processo de anonimização, de acordo com as tecnologias disponíveis, e a utilização exclusiva de meios próprios.

§ 2º Poderão ser igualmente considerados como dados pessoais, para os fins desta Lei, aqueles utilizados para formação do perfil comportamental de determinada pessoa natural, se identificada.

§ 3º A autoridade nacional poderá dispor sobre padrões e técnicas utilizados em processos de anonimização e realizar verificações acerca de sua segurança, ouvido o Conselho Nacional de Proteção de Dados Pessoais.

O art. 12 traz em seu texto um ponto de atenção a ser destacado, que dispõe que os dados anonimizados não são considerados dados pessoais. Tal apontamento da LGPD pode gerar margem a interpretação mais subjetiva e a certo grau de insegurança jurídica. Um estudo realizado por um grupo de pesquisadores do Media Lab do Instituto Tecnológico de Massachusetts (MIT) em 2014 apontou[19] que, a partir da criação de alguns algoritmos matemáticos, é possível identificar uma pessoa baseando-se em seus hábitos de compra[20].

Sendo assim, é importante que o método escolhido pela instituição como processo de anonimização possa demonstrar que impossibilita a sua reversão para aquele que recepcionou o dado classificado como anonimizado, evitando riscos para uma eventual responsabilização futura, ainda mais em discussões em sede judicial de Juizado Especial, com debate de tema consumerista que não permite necessariamente a condução de perícia técnica adequada para o nível de complexidade que a matéria exige. Provavelmente

---

19 Informações de Miguel Ángel Criado, do *El País*, por meio da matéria: "Quatro compras com o cartão bastam para identificar qualquer pessoa", publicada em 30 de janeiro de 2015, no *site* do jornal.

20 Tal identificação foi possível a partir da utilização de uma média de quatro transações aliados ao dia e à loja em que o consumo foi realizado; isso levanta ainda mais uma polêmica acerca da anonimização e a sua validade real: dados anonimizados isoladamente, quando agrupados, podem gerar a reversão do procedimento de anonimização?

será necessário evoluir para o uso de soluções certificadas para evitar discussões e incertezas na aplicação de soluções de anonimização.

Vale ressaltar que, de acordo com a ANPD, o ato inicial do processo de anonimização configura operação de tratamento de dado pessoal, atraindo, assim, a aplicação de princípios e regras da LGPD. Ademais, a anonimização não é capaz de *per se* legitimar atividade de tratamento originalmente ilícita por carência de hipótese normativa que lhe dê fundamento.[21]

Com o intuito de trazer luz sobre a temática, a ANPD elaborou um Guia de Anonimização e Pseudonimização para a Proteção de Dados Pessoais ("Guia de Anonimização"), cujo período de contribuições foi de 30 de janeiro a 28 de fevereiro de 2024[22]. Até o presente momento, a ANPD não publicou a versão aprovada do Guia de Anonimização. Além disso, tal iniciativa encontra-se na Fase 1 da Agenda Regulatória 2025-2026.

Na perspectiva europeia, o GDPR adota a mesma postura em seu regulamento, conforme pontua o preâmbulo (26): "Os princípios da proteção de dados não deverão, pois, aplicar-se às informações anónimas, ou seja, às informações que não digam respeito a uma pessoa singular identificada ou identificável nem a dados pessoais tornados de tal modo anónimos que o seu titular não seja ou já não possa ser identificado. O presente regulamento não diz, por isso, respeito ao tratamento dessas informações anónimas, inclusive para fins estatísticos ou de investigação".

---

21 Disponível em: https://www.gov.br/anpd/pt-br/centrais-de-conteudo/documentos-tecnicos-orientativos/estudo_tecnico_sobre_anonimizacao_de_dados_na_lgpd___analise_juridica.pdf.

22 Disponível em: https://www.gov.br/anpd/pt-br/assuntos/noticias/anpd-abre-consulta-a-sociedade-sobre-o-guia-de-anonimizacao-e-pseudonimizacao.

Art. 13. Na realização de estudos em saúde pública, os órgãos de pesquisa poderão ter acesso a bases de dados pessoais, que serão tratados exclusivamente dentro do órgão e estritamente para a finalidade de realização de estudos e pesquisas e mantidos em ambiente controlado e seguro, conforme práticas de segurança previstas em regulamento específico e que incluam, sempre que possível, a anonimização ou pseudonimização dos dados, bem como considerem os devidos padrões éticos relacionados a estudos e pesquisas.

§ 1º A divulgação dos resultados ou de qualquer excerto do estudo ou da pesquisa de que trata o *caput* deste artigo em nenhuma hipótese poderá revelar dados pessoais.

§ 2º O órgão de pesquisa será o responsável pela segurança da informação prevista no *caput* deste artigo, não permitida, em circunstância alguma, a transferência dos dados a terceiro.

§ 3º O acesso aos dados de que trata este artigo será objeto de regulamentação por parte da autoridade nacional e das autoridades da área de saúde e sanitárias, no âmbito de suas competências.

§ 4º Para os efeitos deste artigo, a pseudonimização é o tratamento por meio do qual um dado perde a possibilidade de associação, direta ou indireta, a um indivíduo, senão pelo uso de informação adicional mantida separadamente pelo controlador em ambiente controlado e seguro.

O art. 13 pontua que a regulamentação dos dados não deve ser um impeditivo do incentivo e da produção científica na saúde pública, todavia os mesmos procedimentos de segurança da informação adotados por quaisquer outros institutos e finalidades devem ser observados. Embora o art. 13 faça menção à saúde pública, a ANPD já afirmou que os parâmetros legais nele previstos também devem ser aplicados a pesquisas realizadas em outras áreas do conhecimento, conforme as peculiaridades de cada caso[23]. Da mesma forma, as informações pessoais não devem ser publicizadas

23 Disponível em: https://www.gov.br/anpd/pt-br/centrais-de-conteudo/materiais-educativos-e-publicacoes/web-guia-anpd-tratamento-de-dados-para-fins-academicos.pdf.

quando os resultados do estudo ou da pesquisa forem divulgados, haja vista que a privacidade e a intimidade dos titulares devem ser preservadas. Nesse sentido, a adoção de procedimento de anonimização ou pseudonimização dos dados deve ser estimulada sempre que possível nesses casos, na busca da preservação da segurança dos dados pessoais em manuseio.

De maneira semelhante, o GDPR pontua que o tratamento de dados pessoais de interesse público, investigação científica ou histórica, assim como para fins estatísticos, está sujeito a garantias adequadas como a pseudonimização, que deve seguir o propósito de proteger os direitos e as liberdade dos titulares de dados, conforme o artigo 89 (1) a (4).

Por certo, vamos evoluir no uso de soluções relacionadas à anonimização e pseudonimização de dados no Brasil. Existem algumas técnicas de anonimização tais como[24]:

- Supressão;
- Generalização;
- Randomização;
- Pseudonimização.

24 BIONI, Bruno Ricardo. *Proteção de dados pessoais*: a função e os limites do consentimento. Rio de Janeiro: Forense, 2019.

Seção III – Do Tratamento de Dados Pessoais de Crianças e de Adolescentes

Art. 14. O tratamento de dados pessoais de crianças e de adolescentes deverá ser realizado em seu melhor interesse, nos termos deste artigo e da legislação pertinente.

§ 1º O tratamento de dados pessoais de crianças deverá ser realizado com o consentimento específico e em destaque dado por pelo menos um dos pais ou pelo responsável legal.

§ 2º No tratamento de dados de que trata o § 1º deste artigo, os controladores deverão manter pública a informação sobre os tipos de dados coletados, a forma de sua utilização e os procedimentos para o exercício dos direitos a que se refere o art. 18 desta Lei.

§ 3º Poderão ser coletados dados pessoais de crianças sem o consentimento a que se refere o § 1º deste artigo quando a coleta for necessária para contatar os pais ou o responsável legal, utilizados uma única vez e sem armazenamento, ou para sua proteção, e em nenhum caso poderão ser repassados a terceiro sem o consentimento de que trata o § 1º deste artigo.

§ 4º Os controladores não deverão condicionar a participação dos titulares de que trata o § 1º deste artigo em jogos, aplicações de internet ou outras atividades ao fornecimento de informações pessoais além das estritamente necessárias à atividade.

§ 5º O controlador deve realizar todos os esforços razoáveis para verificar que o consentimento a que se refere o § 1º deste artigo foi dado pelo responsável pela criança, consideradas as tecnologias disponíveis.

§ 6º As informações sobre o tratamento de dados referidas neste artigo deverão ser fornecidas de maneira simples, clara e acessível, consideradas as características físico-motoras, perceptivas, sensoriais, intelectuais e mentais do usuário, com uso de recursos audiovisuais quando adequado, de forma a proporcionar a informação necessária aos pais ou ao responsável legal e adequada ao entendimento da criança.

Os dados relacionados a menores de idade estão classificados em uma categoria de dados especiais (pois exigem um tratamento diferenciado em termos de cuidados). As informações relativas a dados pessoais de crianças e adolescentes devem observar o consentimento de pelo menos um dos pais ou responsáveis legais.

Referido artigo deixou margens de interpretação quanto à possibilidade da legitimação do tratamento de dados pessoais e sensíveis de crianças, baseado nas demais hipóteses dos arts. 7º e 11. Cite-se, por exemplo, no âmbito escolar, a escola que necessita tratar os dados pessoais dos alunos, para registro de frequência (que é uma obrigação legal), não deveria necessitar do consentimento expresso dos pais ou responsável legal da criança, ante o escopo do tratamento se dar no seu melhor interesse[25].

Dessa forma, entende-se que o tratamento de dados de crianças e adolescentes pode ser realizado com base nas hipóteses trazidas pelos arts. 7º e 11 da LGPD, desde que, mediante uma análise casuística, seja realizado em seu melhor interesse, sendo o consentimento, quando for a hipótese legal legitimadora do tratamento, dado em conformidade com o § 1º do art. 14 da LGPD. Esta inclusive foi a interpretação dada pelo Enunciado 684 da IX Jornada de Direito Civil, que diz:

> *"ENUNCIADO 684 – O art. 14 da Lei n. 13.709/2018 (Lei Geral de Proteção de Dados – LGPD) não exclui a aplicação das demais bases legais, se cabíveis, observado o melhor interesse da criança. Justificativa: A Lei Geral de Proteção de Dados estabelece regras específicas para o tratamento de dados de crianças e adolescentes*

---

25 Sobre o tema, a ANPD abriu, de 18 de junho de 2024 a 17 de julho de 2024, Tomada de Subsídios para o Projeto Regulatório sobre o Tratamento de Dados Pessoais de Crianças e Adolescentes, com o objetivo de colher contribuições para embasar a análise e a proposição de ações regulatórias pela ANPD a respeito desse tema.

em seu art. 14. No entanto, não está claro se apenas o consentimento poderia ser utilizado como base legal para o tratamento de dados ou se as outras bases legais também se aplicariam nesse contexto. Considerando a interpretação sistemática da lei, é de se entender que o art. 14 não exclui as demais bases legais, desde que elas sejam utilizadas para atender o melhor interesse da criança."

Para reforçar tal posicionamento, a ANPD publicou o Enunciado CD/ANPD n. 1, de 22 de maio de 2023, que dispõe:

"*O tratamento de dados pessoais de crianças e adolescentes poderá ser realizado com base nas hipóteses legais previstas no art. 7º ou no art. 11 da Lei Geral de Proteção de Dados Pessoais (LGPD), desde que observado e prevalecente o seu melhor interesse, a ser avaliado no caso concreto, nos termos do art. 14 da Lei.*"

Da mesma maneira, os tratamentos de dados de crianças e adolescentes devem obedecer ao princípio da finalidade e transparência. Merece destaque a preocupação do regulamento em assegurar que o consentimento recebido realmente adveio dos responsáveis/pais do menor. Isso porque o ambiente digital possibilita inúmeros meios de burlar os procedimentos de identificação; dessa forma, cabe aos controladores garantir que o consentimento é real e válido.

Ao mesmo tempo, nas situações em que é necessário o contato com os pais ou responsáveis da criança/adolescente, é possível realizar a coleta de dados independentemente de consentimento, porém esse dado deve ser utilizado somente dentro de seu propósito e não pode ser armazenado. Dessa forma, são garantidos o acesso ao dado e a proteção da informação coletada, assim como seu uso e propósito imediato.

O GDPR pontua as condições relativas à coleta de dados de crianças e adolescentes no art. 8º, destacando a necessidade de proteção especial dos dados pessoais desses indivíduos. Um aspecto diferencial do regulamento europeu é o apontamento de que, no que concerne à oferta direta de serviços, é lícito o consentimento dado por parte de uma pessoa com pelo menos 16 anos, sendo que indivíduos com menos 16 anos devem ter o consentimento submetido aos pais ou responsáveis legais, e, dependendo do país, essa idade pode ser até de 13 anos (não inferior a 13). Ou seja, dependendo do país, pode o jovem dar o próprio consentimento a partir de 13 anos ou a partir de 16 anos (ou precisar do consentimento dos pais para tanto). Jovens com menos de 13 anos sempre precisarão do consentimento dos pais.

Seção IV – Do Término do Tratamento de Dados

Art. 15. O término do tratamento de dados pessoais ocorrerá nas seguintes hipóteses:

I – verificação de que a finalidade foi alcançada ou de que os dados deixaram de ser necessários ou pertinentes ao alcance da finalidade específica almejada;

II – fim do período de tratamento;

III – comunicação do titular, inclusive no exercício de seu direito de revogação do consentimento conforme disposto no § 5º do art. 8º desta Lei, resguardado o interesse público; ou

IV – determinação da autoridade nacional, quando houver violação ao disposto nesta Lei.

Conforme dispõe a LGPD, um dos requisitos de validade do tratamento de dados é o limite de atuação do procedimento, e tal ideia é relativa tanto ao limite de informações a serem coletadas quanto à finitude do procedimento no tempo.

Isso quer dizer que o tratamento não deve ser realizado por tempo indeterminado. O término do tratamento de dados deve seguir alguns requisitos básicos, dos quais se destacam a verificação do alcance da finalidade do processo, o término do prazo estimulado ao tratamento, a revogação do consentimento do titular e a determinação da autoridade nacional.

O GDPR pontua no preâmbulo (39) a importância da limitação e imposição de prazos ao tratamento de dados, de maneira que tais aspectos têm vinculação direta com a finalidade do procedimento. Uma diferença do documento em relação à lei brasileira diz respeito à vinculação dos prazos à necessidade do processo, sendo que a limitação de tempo obriga o controlador a realizar o apagamento ou a revisão dos dados coletados. O artigo 13 (2) a recomenda que prazos sejam determinados de acordo com a finalidade do tratamento.

Art. 16. Os dados pessoais serão eliminados após o término de seu tratamento, no âmbito e nos limites técnicos das atividades, autorizada a conservação para as seguintes finalidades:

I – cumprimento de obrigação legal ou regulatória pelo controlador;

II – estudo por órgão de pesquisa, garantida, sempre que possível, a anonimização dos dados pessoais;

III – transferência a terceiro, desde que respeitados os requisitos de tratamento de dados dispostos nesta Lei; ou

IV – uso exclusivo do controlador, vedado seu acesso por terceiro, e desde que anonimizados os dados.

Um dos aspectos vinculados ao tratamento dos dados é que, assim que o seu procedimento termina, os dados coletados devem ser apagados, salvo nas condições pontuadas no art. 16.

Claramente, a intenção das instituições é preservar a manutenção da base de dados pessoais, evitando as hipóteses de eliminação sempre que possível, visto que há um alto valor na preservação da informação. O descarte pode e deve ocorrer, já que é um direito, mas será observado se recairá alguma previsão de justificativa legal de retenção que permita a manutenção do dado por um prazo até a sua eliminação definitiva (se esta vier a ocorrer).

Grande parte do trabalho recairá sobre a análise da possibilidade de apagamento ou retenção. O direito ao apagamento e o direito à portabilidade dos dados pessoais são os dois direitos com maior impacto sobre a operação de gestão do ciclo de vida dos dados pessoais nas organizações. E, devido à necessidade de continuar com a informação, surge a oportunidade da aplicação da anonimização como último recurso viável.

No preâmbulo (39) do regulamento europeu GDPR pontua-se: "A fim de assegurar que os dados pessoais sejam conservados apenas durante o período considerado necessário, o responsável pelo tratamento deverá fixar os prazos para o apagamento ou a revisão periódica". Os arts. 16 e 17 também indicam a possibilidade de retificação das informações em tratamento, assim como o seu apagamento a partir da ausência da finalidade, revogação do consentimento do titular, tratamento realizado de maneira ilícita e obrigações jurídicas.

Ademais, devemos considerar a importância da guarda de dados pessoais relacionados a acervo histórico-cultural das instituições, como pode ocorrer com registros fotográficos ou ainda de informações relacionadas a funcionários, em que o tratamento claramente precisará ser limitado a esta finalidade. E a LGPD deve estar harmonizada em consonância com outras legislações que protegem inclusive direitos de propriedade intelectual.

Capítulo III
DOS DIREITOS DO TITULAR

Art. 17. Toda pessoa natural tem assegurada a titularidade de seus dados pessoais e garantidos os direitos fundamentais de liberdade, de intimidade e de privacidade, nos termos desta Lei.

Um dos objetivos da LGPD é assegurar a proteção e o livre desenvolvimento da personalidade da pessoa natural. É possível relacionar essa garantia da pessoa natural à titularidade de seus dados à inviolabilidade de sua vida privada, pontuada por meio do art. 5º, X[26], da Constituição Federal e do art. 21 do Código Civil[27], haja vista que as informações pessoais da pessoa fazem parte de sua privacidade, ainda mais no contexto digital.

Art. 18. O titular dos dados pessoais tem direito a obter do controlador, em relação aos dados do titular por ele tratados, a qualquer momento e mediante requisição:

I – confirmação da existência de tratamento;

II – acesso aos dados;

III – correção de dados incompletos, inexatos ou desatualizados;

IV – anonimização, bloqueio ou eliminação de dados desnecessários, excessivos ou tratados em desconformidade com o disposto nesta Lei;

---

26 "Art. 5º Todos são iguais perante a lei, sem distinção de qualquer natureza, garantindo-se aos brasileiros e aos estrangeiros residentes no País a inviolabilidade do direito à vida, à liberdade, à igualdade, à segurança e à propriedade, nos termos seguintes: [...] X – são invioláveis a intimidade, a vida privada, a honra e a imagem das pessoas, assegurado o direito a indenização pelo dano material ou moral decorrente de sua violação;"

27 "Art. 21. A vida privada da pessoa natural é inviolável, e o juiz, a requerimento do interessado, adotará as providências necessárias para impedir ou fazer cessar ato contrário a esta norma."

V – portabilidade dos dados a outro fornecedor de serviço ou produto, mediante requisição expressa, de acordo com a regulamentação da autoridade nacional, observados os segredos comercial e industrial;

VI – eliminação dos dados pessoais tratados com o consentimento do titular, exceto nas hipóteses previstas no art. 16 desta Lei;

VII – informação das entidades públicas e privadas com as quais o controlador realizou uso compartilhado de dados;

VIII – informação sobre a possibilidade de não fornecer consentimento e sobre as consequências da negativa;

IX – revogação do consentimento, nos termos do § 5º do art. 8º desta Lei.

§ 1º O titular dos dados pessoais tem o direito de peticionar em relação aos seus dados contra o controlador perante a autoridade nacional.

§ 2º O titular pode opor-se a tratamento realizado com fundamento em uma das hipóteses de dispensa de consentimento, em caso de descumprimento ao disposto nesta Lei.

§ 3º Os direitos previstos neste artigo serão exercidos mediante requerimento expresso do titular ou de representante legalmente constituído, a agente de tratamento.

§ 4º Em caso de impossibilidade de adoção imediata da providência de que trata o § 3º deste artigo, o controlador enviará ao titular resposta em que poderá:

I – comunicar que não é agente de tratamento dos dados e indicar, sempre que possível, o agente; ou

II – indicar as razões de fato ou de direito que impedem a adoção imediata da providência.

§ 5º O requerimento referido no § 3º deste artigo será atendido sem custos para o titular, nos prazos e nos termos previstos em regulamento.

§ 6º O responsável deverá informar, de maneira imediata, aos agentes de tratamento com os quais tenha realizado uso compartilhado de dados a correção, a eliminação, a anonimização ou o bloqueio dos dados, para que repitam idêntico procedimento, exceto nos casos em que esta comunicação seja comprovadamente impossível ou implique esforço desproporcional.

§ 7º A portabilidade dos dados pessoais a que se refere o inciso V do *caput* deste artigo não inclui dados que já tenham sido anonimizados pelo controlador.

§ 8º O direito a que se refere o § 1º deste artigo também poderá ser exercido perante os organismos de defesa do consumidor.

Os direitos dos titulares decorrem da autodeterminação informativa, fundamento trazido no inciso II do art. 2º da LGPD, que se caracteriza no poder de decisão do titular acerca do tratamento de seus dados pessoais.

O direito de livre acesso às informações relativas ao tratamento é reiterado de maneira enumerativa no art. 18, cuja preocupação é garantir que o titular possa assegurar que seus dados estão sendo tratados de forma segura, verídica e cumprindo a sua finalidade. Da mesma forma, a liberdade de revogar o consentimento e requerer o apagamento dos dados é reafirmada como reflexo da liberdade de escolha da pessoa[28], de forma que – assim como o consentimento – a revogação deve ser expressa. Novamente, o texto da lei reitera que os dados anonimizados não recebem o direito ao mesmo tratamento dos dados pessoais.

A questão da portabilidade de dados pessoais é por certo um dos direitos ainda com maior margem de discussão em termos de executividade do rol de direitos do art. 18. Foi muito acertada a atualização da LGPD ao deixar claro que há o limite do segredo comercial e industrial e há que se diferenciar o que são dados pessoais do titular (fornecidos por ele) do que é o aprendizado oriundo da relação de clientela, que inclusive compõe o fundo de comércio das empresas e é, portanto, um ativo empresarial.

28 Sobre o apagamento dos dados, tal direito vai na contramão dos aspectos de imutabilidade dos dados em *blockchain*. Na verdade, uma vez publicado o código-fonte em *blockchain*, só é possível excluir ou alterar um contrato apenas se o programador adicionou a função no código (FARIAS, D. O. et al. Tecnologia *blockchain* e auditoria. *Revista do TCU*, n. 150, p. 22-48, 2022).

O GDPR pontua nos arts. 12, 13, 14, 15, 22 e 34 os direitos e as garantias dos titulares de dados. Nos artigos 16 e 17, o regulamento europeu menciona o direito de retificação e o direito a ser esquecido, uma garantia com expansão já apontada por Rolf Weber em seus estudos acerca dos impactos da tecnologia na compreensão e expansão dos direitos humanos[29].

Uma das questões levantadas neste artigo é o tempo de resposta das requisições dos titulares, visto que o § 5º menciona que os prazos serão estabelecidos em regulamento, que é justamente o que ficou depois pendente de regulamentação pela ANPD. Importante observar que o art. 19 traz o prazo de 15 dias contados da data do requerimento (protocolo), especificamente para apenas dois direitos que são o da confirmação de existência (inciso I) ou acesso a dados pessoais (inciso II). Sendo que, ainda assim, estes prazos podem ser alterado s, conforme particularidades de setores específicos, a pedido junto à ANPD e sendo aprovado por esta. Sobre tais normas, importante ressaltar que já foi aberta tomada de subsídios sobre o tema, de 2 de fevereiro a 4 de março de 2024.[30]

Também merece destaque a importância, trazida pelo § 6º, de se limitar a comunicação aos demais agentes de tratamento com os quais tenha realizado compartilhamento de dados, exceto se esta comunicação for comprovadamente impossível ou implicar esforço desproporcional.

Art. 19. A confirmação de existência ou o acesso a dados pessoais serão providenciados, mediante requisição do titular:

I – em formato simplificado, imediatamente; ou

---

29 Para mais aprofundamento acerca do direito de ser esquecido, consultar o texto "The Right to Be Forgotten: More than a Pandora's Box?", de Rolf Weber.

30 Disponível em: https://www.gov.br/anpd/pt-br/assuntos/noticias/anpd-abre-tomada-de-subsidios-para-norma-sobre-direitos-dos-titulares-de-dados-pessoais.

II – por meio de declaração clara e completa, que indique a origem dos dados, a inexistência de registro, os critérios utilizados e a finalidade do tratamento, observados os segredos comercial e industrial, fornecida no prazo de até 15 (quinze) dias, contado da data do requerimento do titular.

§ 1º Os dados pessoais serão armazenados em formato que favoreça o exercício do direito de acesso.

§ 2º As informações e os dados poderão ser fornecidos, a critério do titular:

I – por meio eletrônico, seguro e idôneo para esse fim; ou

II – sob forma impressa.

§ 3º Quando o tratamento tiver origem no consentimento do titular ou em contrato, o titular poderá solicitar cópia eletrônica integral de seus dados pessoais, observados os segredos comercial e industrial, nos termos de regulamentação da autoridade nacional, em formato que permita a sua utilização subsequente, inclusive em outras operações de tratamento.

§ 4º A autoridade nacional poderá dispor de forma diferenciada acerca dos prazos previstos nos incisos I e II do *caput* deste artigo para os setores específicos.

A garantia da facilidade do acesso e de claros dispositivos de comunicação entre o titular dos dados e os agentes do tratamento de dados deve ser observada, de maneira que o princípio da transparência e a boa-fé estejam presentes ao longo do processo.

O GDPR pontua esse aspecto nos artigos 12 (2), 14 e 15, dispondo que o procedimento deve ser facilitado, rápido e transparente.

Um dos pontos importantes de análise deste artigo está relacionado ao cumprimento de prazos. Visto que no GDPR ficou mais claro, pois deixou um prazo geral no Recital 59[31] de 30 dias.

---

31 Recital 59: "[...] The controller should be obliged to respond to requests from the data subject without undue delay and at the latest within one month and to give reasons

Novamente, no caso da LGPD os únicos prazos estipulados foram o de imediato e de 15 dias e apenas para dois direitos, como já explicitado (dos incisos I e II do art. 18), então, que prazo considerar para as demais requisições?

Dependendo do perfil do titular e do relacionamento com o controlador, podem ser aplicados prazos já conhecidos e exigidos em outras regulamentações. Como Código de Defesa do Consumidor (CDC), Lei do SAC[32], Lei de Acesso à Informação (LAI), para ajudar na construção da tabela de prazos até que haja regulamentação específica por parte da ANPD.

---

where the controller does not intend to comply with any such requests". Fonte: https://gdpr-info.eu/recitals/no-59/. Acesso em: 7 fev. 2021.

32 O Brasil possui a chamada "Lei do SAC" – estabelecida pelo Decreto n. 6.523, de 31 de julho de 2008, que traz regras gerais sobre o Serviço de Atendimento ao Consumidor (SAC), e atualizada pelo Decreto n. 11.034/2022, que acrescentou exigências para que o canal de atendimento deva estar disponível no regime 24 horas por dia, 7 dias da semana, além de requisitos de acessibilidade e menu obrigatório com opções de "reclamação" e "cancelamento de contrato".
Na Lei do SAC, foram estipuladas normas gerais sobre qual deve ser o padrão de atendimento oferecido ao consumidor, para que os direitos das pessoas físicas fossem respeitados e cumpridos por parte das empresas. A Lei do SAC prevê em art. 17 que: "As informações solicitadas pelo consumidor serão prestadas imediatamente e suas reclamações, resolvidas no prazo máximo de cinco dias úteis a contar do registro". Tal prazo de 5 dias úteis pode ser adotado quer seja como referência ao atendimento de requisições de direitos de titulares ou ainda como o "prazo razoável" previsto na LGPD, salvo as situações em que a empresa, justificadamente, precisar de prazo maior.
Outro ponto de atenção interessante trazido pela Lei do SAC e que pode ser adotada como padrão nos atendimentos de solicitação de LGPD pode ser observado no art. 16: "O consumidor terá direito de acesso ao conteúdo do histórico de suas demandas, que lhe será enviado, quando solicitado, no prazo máximo de setenta e duas horas, por correspondência ou por meio eletrônico, a seu critério". Este prazo de 72 horas pode ser adotado como o prazo de referência para resposta inicial a uma solicitação do titular de dados em que exista relação de consumo, considerando a necessidade de harmonizar as leis, para evitar um risco de que a falta de resposta ou a demora já possa incidir em violação, mesmo que a resposta ainda seja apenas para orientar sobre a possibilidade ou não de atender ao pedido, ou passar um novo prazo.

Inclusive, isso poderá servir de norte até para ajustar o entendimento do que seria "prazo razoável" previsto no art. 48.

Art. 20. O titular dos dados tem direito a solicitar a revisão de decisões tomadas unicamente com base em tratamento automatizado de dados pessoais que afetem seus interesses, incluídas as decisões destinadas a definir o seu perfil pessoal, profissional, de consumo e de crédito ou os aspectos de sua personalidade.

§ 1º O controlador deverá fornecer, sempre que solicitadas, informações claras e adequadas a respeito dos critérios e dos procedimentos utilizados para a decisão automatizada, observados os segredos comercial e industrial.

§ 2º Em caso de não oferecimento de informações de que trata o § 1º deste artigo baseado na observância de segredo comercial e industrial, a autoridade nacional poderá realizar auditoria para verificação de aspectos discriminatórios em tratamento automatizado de dados pessoais.

Este é um artigo que cresceu ainda mais de importância com o aumento do uso de soluções de inteligência artificial, que fazem uso de métodos automatizados de análise de dados, como ocorre, por exemplo, em processos de seleção (análise de volume de informações de perfis de candidatos) e também na concessão de crédito (na análise de *score*). Claramente, devido ao volume, o uso de robôs é uma forma de melhoria da análise (aplicação de métodos de *analytics* com *big data*).

Sendo assim, apesar de a lei prever que o titular pode requerer que seja revisto, muito provavelmente será aplicada a mesma fórmula de análise (algoritmo), mas esclarecido o processo utilizado para alcançar o resultado. Há que se ter um cuidado, pois há a liberdade de contratar entre as partes e há o segredo de negócios, direitos esses também presentes e protegidos no ordenamento jurídico vigente nacional e nos demais países.

Para esclarecer esses pontos, a ANPD conduziu uma tomada de subsídios: Inteligência Artificial e Revisão de Decisões Automatizadas, no período de 6 de novembro de 2024 a 24 de janeiro de 2025, organizada em quatro blocos: Princípios da LGPD; Hipóteses legais; Direitos dos titulares; Boas práticas e governança. O objetivo dessa Tomada de Subsídios foi identificar as práticas utilizadas pelos agentes de tratamento e se essas práticas têm se alinhado com as diretrizes estabelecidas pela LGPD e pela regulamentação da ANPD[33]. Ademais, tal temática já se encontra na Agenda Regulatória da ANPD, sendo o 7º item da Fase 1.

Além disso, a tramitação do Marco Legal da IA no Brasil, que já foi aprovado pelo Senado e que, para virar lei, precisa ser aprovado pela Câmara dos Deputados, traz o debate sobre o direito à intervenção ou à revisão humana, com uma previsão pelo PL n. 2.338/2023 um pouco distinta do que foi estabelecido pela LGPD, e com a ressalva de que não será exigida apenas no caso em que sua implementação seja comprovadamente impossível.

Por sua vez, o GDPR reserva os arts. 21 e 22 para garantir o direito à oposição do titular a decisões relacionadas ao tratamento de seus dados, inclusive em relação à definição de perfis que produzam efeitos na vida do titular.

Art. 21. Os dados pessoais referentes ao exercício regular de direitos pelo titular não podem ser utilizados em seu prejuízo.

Como explicitado, o consentimento do titular ao tratamento de seus dados pessoais não deve lhe onerar de forma alguma, por isso as informações coletadas não devem ser utilizadas em prejuízo do titular.

33 Disponível em: https://www.gov.br/participamaisbrasil/tomada-de-subsidios -inteligencia-artificial-e-revisao-de-decisoes-automatizadas.

Art. 22. A defesa dos interesses e dos direitos dos titulares de dados poderá ser exercida em juízo, individual ou coletivamente, na forma do disposto na legislação pertinente, acerca dos instrumentos de tutela individual e coletiva.

Assim como pontua o art. 5º, XXXIV[34], da Constituição Federal, todos devem ter assegurado o seu direito de acesso à justiça e defesa de seus direitos.

O GDPR pontua no art. 13 (2) d que o responsável pelo tratamento deve garantir ao titular o direito de apresentar reclamação junto a uma autoridade de controle.

Capítulo IV
DO TRATAMENTO DE DADOS PESSOAIS PELO PODER PÚBLICO

Seção I – Das Regras

Art. 23. O tratamento de dados pessoais pelas pessoas jurídicas de direito público referidas no parágrafo único do art. 1º da Lei n. 12.527, de 18 de novembro de 2011 (Lei de Acesso à Informação), deverá ser realizado para o atendimento de sua finalidade pública, na persecução do interesse público, com o objetivo de executar as competências legais ou cumprir as atribuições legais do serviço público, desde que:

I – sejam informadas as hipóteses em que, no exercício de suas competências, realizam o tratamento de dados pessoais, fornecendo informações claras e atualizadas sobre a previsão legal, a finalidade, os procedimentos e as práticas utilizadas para a execução dessas

34 "Art. 5º [...] XXXIV – são a todos assegurados, independentemente do pagamento de taxas: *a*) o direito de petição aos Poderes Públicos em defesa de direitos ou contra ilegalidade ou abuso de poder; *b*) a obtenção de certidões em repartições públicas, para defesa de direitos e esclarecimento de situações de interesse pessoal."

atividades, em veículos de fácil acesso, preferencialmente em seus sítios eletrônicos;

II – (VETADO); e

III – seja indicado um encarregado quando realizarem operações de tratamento de dados pessoais, nos termos do art. 39 desta Lei; e

IV – (VETADO).

§ 1º A autoridade nacional poderá dispor sobre as formas de publicidade das operações de tratamento.

§ 2º O disposto nesta Lei não dispensa as pessoas jurídicas mencionadas no *caput* deste artigo de instituir as autoridades de que trata a Lei n. 12.527, de 18 de novembro de 2011 (Lei de Acesso à Informação).

§ 3º Os prazos e procedimentos para exercício dos direitos do titular perante o Poder Público observarão o disposto em legislação específica, em especial as disposições constantes da Lei n. 9.507, de 12 de novembro de 1997 (Lei do *Habeas Data*), da Lei n. 9.784, de 29 de janeiro de 1999 (Lei Geral do Processo Administrativo), e da Lei n. 12.527, de 18 de novembro de 2011 (Lei de Acesso à Informação).

§ 4º Os serviços notariais e de registro exercidos em caráter privado, por delegação do Poder Público, terão o mesmo tratamento dispensado às pessoas jurídicas referidas no *caput* deste artigo, nos termos desta Lei.

§ 5º Os órgãos notariais e de registro devem fornecer acesso aos dados por meio eletrônico para a administração pública, tendo em vista as finalidades de que trata o *caput* deste artigo.

Da mesma forma que as instituições privadas devem apresentar uma finalidade clara e transparente para a realização do tratamento de dados pessoais, a pessoa jurídica de direito público deve adotar a finalidade pública e o interesse público[35] para a realização de tratamento de dados.

---

35 Nas palavras de Philip Gil França, "O interesse público pode ser compreendido como produto das forças de uma dada sociedade (jurídicas, políticas, econômicas, religiosas, dentre outras) concretizadas em certo momento e espaço que exprime o melhor valor de desenvolvimento de um maior número possível de pessoas dessa mesma sociedade. Então, alcançar esse produto, considerando as forças de uma sociedade, é o dever

Diferentemente das empresas privadas, as instituições públicas poderão seguir os prazos e procedimentos apontados pelas Leis n. 9.507, de 12 de novembro de 1997 (Lei do *Habeas Data*), n. 9.784, de 29 de janeiro de 1999 (Lei Geral do Processo Administrativo) e n. 12.527, de 18 de novembro de 2011 (Lei de Acesso à Informação). No caso das empresas públicas, o art. 173 da Constituição[36] lhes garante tratamento igual ao reservado às empresas privadas.

---

primordial do Estado, conforme o art. 3º da CF. Assim exposto, conclui-se, neste primeiro momento, que interesse público possui relevância jurídica quando é passível de determinação e concretização – do contrário, trata-se de discurso vazio e sem força jurídica vinculante. Fato que, por si, afasta a ideia de conceito jurídico indeterminado, muitas vezes vinculado à concepção de interesse público.

Assim definido, urge raciocinar que a atuação estatal – em destaque, da Administração Pública – precisa estar intimamente conectada com a realização e a promoção de um interesse público concreto, ou concretizável". Ver "Interesse público, um conhecido conceito 'não indeterminado'", de Philip França.

36 "Art. 173. Ressalvados os casos previstos nesta Constituição, a exploração direta de atividade econômica pelo Estado só será permitida quando necessária aos imperativos da segurança nacional ou a relevante interesse coletivo, conforme definidos em lei. § 1º A lei estabelecerá o estatuto jurídico da empresa pública, da sociedade de economia mista e de suas subsidiárias que explorem atividade econômica de produção ou comercialização de bens ou de prestação de serviços, dispondo sobre: I – sua função social e formas de fiscalização pelo Estado e pela sociedade; II – a sujeição ao regime jurídico próprio das empresas privadas, inclusive quanto aos direitos e obrigações civis, comerciais, trabalhistas e tributários; III – licitação e contratação de obras, serviços, compras e alienações, observados os princípios da administração pública; IV – a constituição e o funcionamento dos conselhos de administração e fiscal, com a participação de acionistas minoritários; V – os mandatos, a avaliação de desempenho e a responsabilidade dos administradores. § 2º As empresas públicas e as sociedades de economia mista não poderão gozar de privilégios fiscais não extensivos às do setor privado. § 3º A lei regulamentará as relações da empresa pública com o Estado e a sociedade. § 4º A lei reprimirá o abuso do poder econômico que vise à dominação dos mercados, à eliminação da concorrência e ao aumento arbitrário dos lucros. § 5º A lei, sem prejuízo da responsabilidade individual dos dirigentes da pessoa jurídica, estabelecerá a responsabilidade desta, sujeitando-a às punições compatíveis com sua natureza, nos atos praticados contra a ordem econômica e financeira e contra a economia popular."

Considerando tais especificidades, a ANPD publicou o Guia Orientativo – Tratamento de dados pessoais pelo Poder Público com o objetivo de delinear parâmetros que possam auxiliar entidades e órgãos públicos nas atividades de adequação e de implementação da LGPD.[37]

Ademais, vale ressaltar que em 2022 o Supremo Tribunal Federal (STF) validou o compartilhamento de dados pessoais entre órgãos da administração pública federal[38], mas impôs condições rigorosas para que seja garantida a proteção dessas informações de forma efetiva. A decisão exige que o compartilhamento tenha propósitos legítimos e explícitos, seja limitado ao mínimo necessário ao interesse público e siga integralmente os requisitos da Lei Geral de Proteção de Dados (LGPD), incluindo controle de acesso, publicidade e informações claras aos cidadãos. Além disso, determina a justificativa formal, prévia e detalhada para novos dados na base integradora e a criação de mecanismos de segurança, como registro eletrônico de acesso para responsabilização por uso indevido.

Art. 24. As empresas públicas e as sociedades de economia mista que atuam em regime de concorrência, sujeitas ao disposto no art. 173 da Constituição Federal, terão o mesmo tratamento dispensado às pessoas jurídicas de direito privado particulares, nos termos desta Lei.

Parágrafo único. As empresas públicas e as sociedades de economia mista, quando estiverem operacionalizando políticas públicas e no âmbito da execução delas, terão o mesmo tratamento dispensado aos órgãos e às entidades do Poder Público, nos termos deste Capítulo.

---

37 Disponível em: https://www.gov.br/anpd/pt-br/centrais-de-conteudo/materiais-educativos-e-publicacoes/guia-poder-publico-anpd-versao-final.pdf.

38 Disponível em: https://portal.stf.jus.br/noticias/verNoticiaDetalhe.asp?idConteudo=494227&ori=%C3%A7p.

O art. 24 pontua a base constitucional do tratamento diferenciado das empresas públicas. O que se quis foi dar uma diferenciação sobre o tratamento de dados pessoais nas instituições públicas, já se vislumbrando situações futuras relacionadas inclusive ao atendimento de outras legislações, como a Lei de Acesso à Informação.

Entretanto, referido tratamento diferenciado de empresa pública aplicado às sociedades de economia mista, ou seja, que as equipara a órgãos e entidades do poder público, ocorre quando estiverem operacionalizando políticas públicas e no âmbito da execução delas, sendo que qualquer outra atividade de tratamento terá o mesmo tratamento dispensado ao de pessoa jurídica de direito privado.

Art. 25. Os dados deverão ser mantidos em formato interoperável e estruturado para o uso compartilhado, com vistas à execução de políticas públicas, à prestação de serviços públicos, à descentralização da atividade pública e à disseminação e ao acesso das informações pelo público em geral.

As técnicas de manutenção dos dados em tratamento são especificadas no caso das instituições públicas, de maneira que a sua estruturação e organização devem visar à execução das políticas públicas e à prestação de serviços.

Art. 26. O uso compartilhado de dados pessoais pelo Poder Público deve atender a finalidades específicas de execução de políticas públicas e atribuição legal pelos órgãos e pelas entidades públicas, respeitados os princípios de proteção de dados pessoais elencados no art. 6º desta Lei.

§ 1º É vedado ao Poder Público transferir a entidades privadas dados pessoais constantes de bases de dados a que tenha acesso, exceto:

I – em casos de execução descentralizada de atividade pública que exija a transferência, exclusivamente para esse fim específico e determinado, observado o disposto na Lei n. 12.527, de 18 de novembro de 2011 (Lei de Acesso à Informação);

II – (VETADO);

III – nos casos em que os dados forem acessíveis publicamente, observadas as disposições desta Lei;

IV – quando houver previsão legal ou a transferência for respaldada em contratos, convênios ou instrumentos congêneres; ou

V – na hipótese de a transferência dos dados objetivar exclusivamente a prevenção de fraudes e irregularidades, ou proteger e resguardar a segurança e a integridade do titular dos dados, desde que vedado o tratamento para outras finalidades.

§ 2º Os contratos e convênios de que trata o § 1º deste artigo deverão ser comunicados à autoridade nacional.

Cabe ao Poder Público a garantia de que o uso compartilhado de dados atende aos propósitos especiais que concernem à execução das políticas públicas e, ao mesmo tempo, à ponderação entre a necessidade da publicidade das informações disponíveis e o respeito aos direitos dos titulares de dados. Da mesma forma, a transferência dos dados pessoais às entidades privadas é vetada, com exceção das situações em que os dados são acessíveis publicamente ou em que a execução de um serviço ou medida o exigir.

Art. 27. A comunicação ou o uso compartilhado de dados pessoais de pessoa jurídica de direito público a pessoa de direito privado será informado à autoridade nacional e dependerá de consentimento do titular, exceto:

I – nas hipóteses de dispensa de consentimento previstas nesta Lei;

II – nos casos de uso compartilhado de dados, em que será dada publicidade nos termos do inciso I do *caput* do art. 23 desta Lei; ou

III – nas exceções constantes do § 1º do art. 26 desta Lei.

Art. 28. (VETADO).

Aqui se quis permitir que haja a interconexão das bases de dados públicas e privadas que ocorrem atualmente, já justificadas nas hipóteses de exceção de consentimento da legislação de proteção de dados pessoais, como no caso de proteção do crédito, proteção da saúde e segurança pública.

Art. 29. A autoridade nacional poderá solicitar, a qualquer momento, aos órgãos e às entidades do poder público a realização de operações de tratamento de dados pessoais, informações específicas sobre o âmbito e a natureza dos dados e outros detalhes do tratamento realizado e poderá emitir parecer técnico complementar para garantir o cumprimento desta Lei.

A autoridade nacional responsável pela fiscalização do tratamento de dados pessoais possui caráter autônomo, em virtude disso pode aplicar seus procedimentos fiscalizatórios também ao Poder Público.

Art. 30. A autoridade nacional poderá estabelecer normas complementares para as atividades de comunicação e de uso compartilhado de dados pessoais.

Conforme as necessidades do cumprimento do seu exercício, é possível a expansão das normas da LGPD para garantir que as atividades de comunicação e uso compartilhado de dados sejam efetivas e seguras. Nesse sentido, a regulamentação dos arts. 26 e 27 da LGPD são temas da Fase 1 da Agenda Regulatória da ANPD 2025-2026.

Seção II – Da Responsabilidade

Art. 31. Quando houver infração a esta Lei em decorrência do tratamento de dados pessoais por órgãos públicos, a autoridade nacional poderá enviar informe com medidas cabíveis para fazer cessar a violação.

Os órgãos públicos estão sujeitos às medidas administrativas específicas; em virtude disso, cabe à autoridade nacional garantir que medidas cabíveis e proporcionais sejam adotadas quando da violação do tratamento de dados pessoais nos órgãos públicos[39].

---

39 Nesse sentido, destacamos o Relatório de Instrução n. 5/FIS/CGF (disponível em: https://www.gov.br/anpd/pt-br/centrais-de-conteudo/decisoes-em-processos-sancionadores-1/relatorio_de_instrucao_5_publico_ocultado.pdf), o qual analisou o Processo Administrativo Sancionador (PAS) n. 00261.000456/2022-12, instaurado pela Autoridade Nacional de Proteção de Dados (ANPD) em desfavor do Ministério da Saúde (MS). O processo investigou um incidente de segurança ocorrido em dezembro de 2021, que resultou na indisponibilidade de diversos sistemas do MS, incluindo o ConecteSUS, o SIPNI, o RNDS, o CadSUS, o Notifica, o Coronavírus-SUS e o SGOP, afetando milhões de usuários.

A análise dos fatos apontou duas infrações à Lei Geral de Proteção de Dados Pessoais (LGPD):

Art. 23, III: falta de comprovação da indicação do encarregado de dados pessoais.

✓ O MS alegou que, em razão do incidente, não havia designado um encarregado até dezembro de 2021, mas, em 17.12.2021, o Comitê Interno de Governança do Ministério da Saúde decidiu designar um Grupo de Trabalho para essa finalidade, com conclusão prevista para 31.01.2022.

✓ A ANPD argumentou que, mesmo após diversos alertas, a designação formal do encarregado somente ocorreu em 16.03.2022, após a instauração do PAS.

✓ A ANPD classificou essa infração como grave, visto que a falta do encarregado dificultou a comunicação com a ANPD e a aplicação de providências, e o MS não havia demonstrado que o incidente não gerou risco ou dano aos titulares.

✓ A sanção aplicada foi advertência, com a medida corretiva de apresentação do encarregado formalmente.

Art. 38: ausência de envio do Relatório de Impacto à Proteção de Dados (RIPD).

✓ O MS alegou que a elaboração dos RIPDs para os sistemas afetados pelo incidente estava em andamento e que o Plano de Transformação Digital, firmado com o Ministério da Economia, previa a conclusão dos RIPDs para dezembro de 2022.

✓ A ANPD argumentou que a falta de apresentação do RIPD dentro do prazo estipulado no Aviso 0001/2022 demonstrou falha do MS em cumprir as obrigações da LGPD.

✓ A ANPD classificou essa infração como leve, visto que a falta do RIPD não impactou diretamente o incidente, mas apenas o processo de investigação da ANPD.

✓ A sanção aplicada foi advertência, com a medida corretiva de apresentar o RIPD para os sistemas afetados pelo incidente no prazo de 10 dias úteis.

Conforme aponta Celso Antônio Bandeira de Mello[40], os órgãos públicos estão no âmbito do regime administrativo, logo estão sujeitos às normas e aos parâmetros deste, e consequentemente respondem administrativa e não judicialmente, daí a necessidade de tratamento específico dentro dos limites das normas administrativas.

Art. 32. A autoridade nacional poderá solicitar a agentes do Poder Público a publicação de relatórios de impacto à proteção de dados pessoais e sugerir a adoção de padrões e de boas práticas para os tratamentos de dados pessoais pelo Poder Público.

Este artigo prevê a necessidade de as instituições públicas preverem o impacto de privacidade no âmbito da administração pública, especialmente em setores como da Saúde, o que por certo terá um grande impacto e exigirá muitas implementações e uma política pública para adequação e conformidade do setor público à nova regulamentação[41].

O que se quer evitar é ter uma legislação que seja eficaz apenas no setor privado e não consiga ser implementada no setor público.

Capítulo V
DA TRANSFERÊNCIA INTERNACIONAL DE DADOS

Art. 33. A transferência internacional de dados pessoais somente é permitida nos seguintes casos:

O relatório também abordou a defesa apresentada pelo MS, que alegou ter agido de boa-fé e ter tomado medidas para solucionar o problema, mas, em suma, a ANPD concluiu que a defesa não foi suficiente para afastar as sanções.

40 Ver o *Curso de direito administrativo*, de Celso Antônio Bandeira de Mello.

41 Assim como demonstrado anteriormente no Relatório de Instrução n. 5/FIS/CGF

I – para países ou organismos internacionais que proporcionem grau de proteção de dados pessoais adequado ao previsto nesta Lei;

II – quando o controlador oferecer e comprovar garantias de cumprimento dos princípios, dos direitos do titular e do regime de proteção de dados previstos nesta Lei, na forma de:

a) cláusulas contratuais específicas para determinada transferência;

b) cláusulas-padrão contratuais;

c) normas corporativas globais;

d) selos, certificados e códigos de conduta regularmente emitidos;

III – quando a transferência for necessária para a cooperação jurídica internacional entre órgãos públicos de inteligência, de investigação e de persecução, de acordo com os instrumentos de direito internacional;

IV – quando a transferência for necessária para a proteção da vida ou da incolumidade física do titular ou de terceiro;

V – quando a autoridade nacional autorizar a transferência;

VI – quando a transferência resultar em compromisso assumido em acordo de cooperação internacional;

VII – quando a transferência for necessária para a execução de política pública ou atribuição legal do serviço público, sendo dada publicidade nos termos do inciso I do *caput* do art. 23 desta Lei;

VIII – quando o titular tiver fornecido o seu consentimento específico e em destaque para a transferência, com informação prévia sobre o caráter internacional da operação, distinguindo claramente esta de outras finalidades; ou

IX – quando necessário para atender as hipóteses previstas nos incisos II, V e VI do art. 7º desta Lei.

Parágrafo único. Para os fins do inciso I deste artigo, as pessoas jurídicas de direito público referidas no parágrafo único do art. 1º da Lei n. 12.527, de 18 de novembro de 2011 (Lei de Acesso à Informação), no âmbito de suas competências legais, e responsáveis, no âmbito de suas atividades, poderão requerer à autoridade nacional a avaliação do nível de proteção a dados pessoais conferido por país ou organismo internacional.

Seguindo os parâmetros lançados pelo GDPR, a adoção da lei brasileira traz a previsão – inevitável – dos fluxos transfronteiriços de dados pessoais, de maneira que os países passíveis desse tipo de transação devem oferecer a garantia da proteção dos dados pessoais em mesmo grau que a LGPD prevê.

Isso significa que o Brasil segue o movimento europeu de padronização internacional do fluxo de dados, assim como de proteção dessas informações, de maneira a garantir que o desenvolvimento tecnológico e econômico possa continuar seu acelerado e complexo processo, sem que com isso direitos e garantias fundamentais sejam relativizados ou violados.

O preâmbulo (5), (6), (116) e o art. 4 (23) pontuam que a proteção de dados não deve prejudicar o desenvolvimento econômico e tecnológico no contexto global, mas que a promoção da garantia de proteção aos tratamentos dos dados deve ser eficaz e real, conforme reitera o artigo 56 (1) ao destacar que a autoridade de controle tem competência de ação no tratamento de dados transfronteiriços.

Nesse contexto, é importante pontuar que, ainda que o ambiente digital se aponte como naturalmente internacional, a soberania das nações deve ser respeitada. A atuação dos órgãos/cortes internacionais pode ser aumentada e expandida com essa nova realidade.

Em 2024, a ANPD publicou a Resolução CD/ANPD n. 19/2024, a qual aprova o Regulamento de Transferência Internacional de Dados e o conteúdo das cláusulas-padrão contratuais, estabelecendo uma série de medidas para regular as transferências internacionais de dados pessoais a fim de assegurar aos titulares de dados pessoais um nível de proteção e zelo equivalente ao que lhes é garantido pela legislação brasileira, independentemente do destino.

Junto com tal medida, a ANPD ainda criou página específica sobre Transferência Internacional de Dados com destaque para os mecanismos regulados, como as cláusulas-padrão contratuais, estas dispostas no Anexo II da Resolução, as quais, caso sejam o mecanismo adotado pela entidade, devem ser implementadas sem modificações, em até 12 meses da publicação do Regulamento (art. 2º, parágrafo único), ou seja, até 23 de agosto de 2025.

Art. 34. O nível de proteção de dados do país estrangeiro ou do organismo internacional mencionado no inciso I do *caput* do art. 33 desta Lei será avaliado pela autoridade nacional, que levará em consideração:

I – as normas gerais e setoriais da legislação em vigor no país de destino ou no organismo internacional;

II – a natureza dos dados;

III – a observância dos princípios gerais de proteção de dados pessoais e direitos dos titulares previstos nesta Lei;

IV – a adoção de medidas de segurança previstas em regulamento;

V – a existência de garantias judiciais e institucionais para o respeito aos direitos de proteção de dados pessoais; e

VI – outras circunstâncias específicas relativas à transferência.

Ainda na busca da criação de um padrão internacional de proteção aos dados pessoais, a imposição de métodos avaliativos da autoridade nacional em face dos países estrangeiros e organismos internacionais mostra-se necessária.

O GDPR pontua em seu art. 44 a necessidade de adequação das transferências além das fronteiras da União aos padrões e às garantias instituídas pelo regulamento.

Para que um país terceiro, território, setor específico ou organismo internacional seja considerado como um ambiente em nível adequado de proteção de dados pessoais, uma série de requisitos elencados no art. 34 da LGPD devem estar presentes. Entretanto, cumpre destacar que além de documentos, legislações, garantias jurídicas e mecanismos existentes, o que se considera na avaliação é a implementação e efetivação dos direitos dos titulares e salvaguardas adequadas em execução no país.

Nesse sentido, destacamos o mecanismo das "Decisões de adequação". Segundo a página destinada à Transferência Internacional de Dados da ANPD[42], estas são definidas como decisões emitidas pela ANPD que reconhecem determinados países ou organismos internacionais como possuidores de um nível de proteção de dados pessoais equivalente ao exigido pela legislação brasileira. Quando uma decisão de adequação é emitida, as transferências internacionais de dados para esses países ou organizações podem ocorrer sem a necessidade de mecanismos adicionais de transferência internacional.

Art. 35. A definição do conteúdo de cláusulas-padrão contratuais, bem como a verificação de cláusulas contratuais específicas para uma determinada transferência, normas corporativas globais ou selos, certificados e códigos de conduta, a que se refere o inciso II do *caput* do art. 33 desta Lei, será realizada pela autoridade nacional.

§ 1º Para a verificação do disposto no *caput* deste artigo, deverão ser considerados os requisitos, as condições e as garantias mínimas para a transferência que observem os direitos, as garantias e os princípios desta Lei.

§ 2º Na análise de cláusulas contratuais, de documentos ou de normas corporativas globais submetidas à aprovação da autoridade nacional, poderão ser requeridas informações suplementares ou realizadas diligências de verificação quanto às operações de tratamento, quando necessário.

§ 3º A autoridade nacional poderá designar organismos de certificação para a realização do previsto no *caput* deste artigo, que permanecerão sob sua fiscalização nos termos definidos em regulamento.

---

42 Disponível em: https://www.gov.br/anpd/pt-br/assuntos/assuntos-internacionais/assuntos-internacionais-pt.

§ 4º Os atos realizados por organismo de certificação poderão ser revistos pela autoridade nacional e, caso em desconformidade com esta Lei, submetidos a revisão ou anulados.

§ 5º As garantias suficientes de observância dos princípios gerais de proteção e dos direitos do titular referidas no *caput* deste artigo serão também analisadas de acordo com as medidas técnicas e organizacionais adotadas pelo operador, de acordo com o previsto nos §§ 1º e 2º do art. 46 desta Lei.

Verifica-se a imposição de uma padronização do modelo de cláusulas contratuais que deve ser observada pelas instituições, quer seja em suas relações corporativas globais, quer seja em seus códigos internos e certificados. Isso demonstra que as novas regulamentações visam assegurar que os preceitos legais e os princípios, direitos, garantias e deveres trazidos pela lei sejam observados e pactuados em toda a cadeia de valor do negócio, ou seja, que as regras fiquem claras e sejam disseminadas também por meio da governança dos contratos entre as partes.

A proposição de clausulado padronizado já a partir da própria legislação é uma estratégia normativa para gerar caráter vinculante. Isso tem sido observado na técnica de redação inclusive de órgãos regulatórios, como o Banco Central, por exemplo, com a Resolução n. 4.658/2018 sobre contratação de serviços na nuvem, que também traz artigos específicos que tratam sobre cláusulas contratuais obrigatórias e vinculantes[43].

43 Resolução Bacen 4.658/2018: "Art. 17. Os contratos para prestação de serviços relevantes de processamento, armazenamento de dados e computação em nuvem devem prever: I – a indicação dos países e da região em cada país onde os serviços poderão ser prestados e os dados poderão ser armazenados, processados e gerenciados; II – a adoção de medidas de segurança para a transmissão e armazenamento dos dados citados no inciso I; III – a manutenção, enquanto o contrato estiver vigente, da segregação dos dados e dos controles de acesso para proteção das informações dos clientes; IV – a obrigatoriedade, em caso de extinção do contrato, de: *a*) transferência dos dados

A mesma ideia é explorada pelo GDPR no art. 47, que destaca que cabe à Autoridade Supervisora aprovar regras/padrões corporativos que devem ser específicos quanto à sua estrutura e aos contatos de grupo empresarial, de forma que as transferências de

---

citados no inciso I ao novo prestador de serviços ou à instituição contratante; e *b*) exclusão dos dados citados no inciso I pela empresa contratada substituída, após a transferência dos dados prevista na alínea *a* e a confirmação da integridade e da disponibilidade dos dados recebidos; V – o acesso da instituição contratante a: *a*) informações fornecidas pela empresa contratada, visando a verificar o cumprimento do disposto nos incisos I a III; *b*) informações relativas às certificações e aos relatórios de auditoria especializada, citados no art. 12, inciso II, alíneas *d* e *e*; e *c*) informações e recursos de gestão adequados ao monitoramento dos serviços a serem prestados, citados no art. 12, inciso II, alínea *f*; VI – a obrigação de a empresa contratada notificar a instituição contratante sobre a subcontratação de serviços relevantes para a instituição; VII – a permissão de acesso do Banco Central do Brasil aos contratos e aos acordos firmados para a prestação de serviços, à documentação e às informações referentes aos serviços prestados, aos dados armazenados e às informações sobre seus processamentos, às cópias de segurança dos dados e das informações, bem como aos códigos de acesso aos dados e às informações; VIII – a adoção de medidas pela instituição contratante, em decorrência de determinação do Banco Central do Brasil; e IX – a obrigação de a empresa contratada manter a instituição contratante permanentemente informada sobre eventuais limitações que possam afetar a prestação dos serviços ou o cumprimento da legislação e da regulamentação em vigor. Parágrafo único. O contrato mencionado no *caput* deve prever, para o caso da decretação de regime de resolução da instituição contratante pelo Banco Central do Brasil: I – a obrigação de a empresa contratada conceder pleno e irrestrito acesso do responsável pelo regime de resolução aos contratos, aos acordos, à documentação e às informações referentes aos serviços prestados, aos dados armazenados e às informações sobre seus processamentos, às cópias de segurança dos dados e das informações, bem como aos códigos de acesso, citados no inciso VII do *caput*, que estejam em poder da empresa contratada; e II – a obrigação de notificação prévia do responsável pelo regime de resolução sobre a intenção de a empresa contratada interromper a prestação de serviços, com pelo menos trinta dias de antecedência da data prevista para a interrupção, observado que: *a*) a empresa contratada obriga-se a aceitar eventual pedido de prazo adicional de trinta dias para a interrupção do serviço, feito pelo responsável pelo regime de resolução; e *b*) a notificação prévia deverá ocorrer também na situação em que a interrupção for motivada por inadimplência da contratante".

dados serão feitas com base nos princípios propostos pelo regulamento e deverão ter caráter juridicamente vinculante.

Ressalta-se que os pedidos relacionados à aprovação ou à revisão de mecanismos de transferência internacional de dados atualmente devem ser submetidos à ANPD por meio do Sistema Eletrônico de Informações (SEI). Ademais, segundo informações da página:

Relação das Cláusulas Contratuais Específicas, das Cláusulas-Padrão Equivalentes, das Normas Corporativas Globais e das Decisões de Adequação aprovadas pela ANPD (Art. 31 RTCD).

Art. 31. A ANPD publicará em seu sítio eletrônico a ***relação*** *das cláusulas contratuais específicas e das normas corporativas globais aprovadas,* ***com indicação do respectivo requerente, da data de aprovação e da decisão proferida pelo Conselho Diretor****, além de outras informações consideradas necessárias pela área técnica responsável.*

Parágrafo único. ***A ANPD publicará a íntegra das cláusulas contratuais específicas nas hipóteses em que tais cláusulas possam ser utilizadas por outros agentes de tratamento****, observados os segredos comercial e industrial.*

Até a presente data, não houve nenhuma decisão do Conselho Diretor da ANPD acerca de cláusulas contratuais específicas, cláusulas-padrão equivalentes, normas corporativas globais ou decisões de adequação. Conforme previsão do Regulamento de Transferências Internacionais, quando houver deliberações e emissão de decisões nesse sentido, este site será atualizado.

Art. 36. As alterações nas garantias apresentadas como suficientes de observância dos princípios gerais de proteção e dos direitos do titular referidas no inciso II do art. 33 desta Lei deverão ser comunicadas à autoridade nacional.

Ainda tomando por base o princípio da transparência, que é o principal princípio da regulamentação de proteção de dados pessoais, quaisquer mudanças relacionadas às garantias fornecidas deverão ser comunicadas à autoridade nacional competente.

Capítulo VI
DOS AGENTES DE TRATAMENTO DE DADOS PESSOAIS

Seção I – Do Controlador e do Operador

Art. 37. O controlador e o operador devem manter registro das operações de tratamento de dados pessoais que realizarem, especialmente quando baseado no legítimo interesse.

Para o controle e a transparência das ações e do cumprimento dos propósitos do tratamento de dados, cabe ao controlador e ao operador documentar as operações realizadas durante o processo de tratamento de dados pessoais.

Nesse sentido, imperioso recordar que o agente de tratamento é definido para cada operação de tratamento de dados pessoais. Dessa forma, a mesma organização poderá ser controladora e operadora, de acordo com sua atuação em diferentes operações de tratamento. Contudo, o operador deve ser uma entidade distinta do controlador, ou seja, ele não atua como profissional subordinado a este nem como membro de órgão ou entidade pública. O conceito deve ser compreendido como um terceiro ou terceirizado autorizado envolvido no fluxo de tratamento de dados de forma limitada, sob instruções do controlador.

Os arts. 24 (1) e 30 do GDPR apontam que, além da necessidade de documentação dos processos, a revisão e a atualização dos procedimentos adotados devem ser observadas de acordo com as necessidades que se apresentem.

Referido registro das operações de tratamento também é conhecido como Ropa[44] (*Records of Processing Activities*) ou, ainda, ROT, como visto no Relatório de Instrução n. 2/2024/FIS/CGF/ANPD. Tal documento é imprescindível para que a organização possua um "mapa" de todas as atividades de tratamento de dados pessoais realizadas, auxiliando, ainda, no cumprimento das demais obrigações trazidas pela LGPD, como atendimento aos direitos dos titulares de dados pessoais e registros de eventuais incidentes. Embora a ANPD não tenha, ainda, oferecido orientações mais precisas sobre o registro de operações de tratamento, o art. 37 é claro quanto à obrigação do controlador de catalogar minimamente as operações realizadas com dados pessoais – e é uma obrigação que independe do relato relacionado a incidentes de segurança[45].

Art. 38. A autoridade nacional poderá determinar ao controlador que elabore relatório de impacto à proteção de dados pessoais, inclusive de dados sensíveis, referente a suas operações de tratamento de dados, nos termos de regulamento, observados os segredos comercial e industrial.

Parágrafo único. Observado o disposto no *caput* deste artigo, o relatório deverá conter, no mínimo, a descrição dos tipos de dados coletados, a metodologia utilizada para a coleta e para a garantia da segurança das informações e a análise do controlador com relação a medidas, salvaguardas e mecanismos de mitigação de risco adotados.

44 A ANPD divulgou modelo de Ropa simplificado para Agentes de Tratamento de Pequeno Porte (ATPP) em junho de 2023, disponível em Excel e PDF para download. Disponível em: https://www.gov.br/anpd/pt-br/assuntos/noticias/anpd-divulga-modelo-de-registro-simplificado-de-operacoes-com-dados-pessoais-para-agentes-de-tratamento-de-pequeno-porte-atpp.

45 Disponível em: https://www.gov.br/anpd/pt-br/centrais-de-conteudo/relatorio-instrucao-2-2024_sec-educacao-gdf.pdf.

A força de ação dos órgãos reguladores é bastante pontuada também no GDPR, de modo que o regulamento europeu – nos arts. 24, 25 e 42 – dispõe que a proteção de dados deve ser realizada desde a concepção do tratamento (*by design*) e que as certificações e o cumprimento dos códigos de conduta são medidas de verificação de que o controlador está cumprindo com suas obrigações.

Algumas disposições referentes ao Relatório de Impacto à Proteção de Dados Pessoais (RIPD) ainda pendem de regulamentação pela ANPD. Contudo, desde junho de 2023 foi disponibilizada a página Perguntas e Respostas sobre o Relatório de Impacto à Proteção de Dados Pessoais[46]. Ademais, cabe ressaltar que o tema está previsto na Fase 1 da Agenda Regulatória para o biênio 2025-2026.

A ANPD realizou uma audiência pública para ouvir especialistas a respeito do RIPD, entretanto não regulamentou a temática até o momento.

Art. 39. O operador deverá realizar o tratamento segundo as instruções fornecidas pelo controlador, que verificará a observância das próprias instruções e das normas sobre a matéria.

Este artigo traz a vinculação entre controlador e operador, visto que a regulamentação de proteção de dados pessoais tem o condão de estabelecer uma responsabilidade solidária do controlador para com o operador a partir do contrato entre eles, considerando que quem detém o consentimento do titular é o controlador e, portanto, continua a ser o que fica responsável pelo que ocorre no ciclo de vida dos dados pessoais na gestão e governança do negócio.

---

46 Disponível em: https://www.gov.br/anpd/pt-br/canais_atendimento/agente-de-tratamento/relatorio-de-impacto-a-protecao-de-dados-pessoais-ripd/relatorio-de -impacto-a-protecao-de-dados-pessoais.

Importa destacar que, embora a LGPD não tenha previsto a obrigatoriedade de firmar um contrato, diferentemente do GDPR, que, em seu art. 28.3, determina a elaboração de um *Data Processing Agreement* (DPA) entre o controlador e o operador, tal conduta é extremamente recomendada. Segundo o item 54 do Guia Orientativo para Definições dos Agentes de Tratamento de Dados Pessoais de abril de 2022[47]: *algumas das obrigações do operador: (i) seguir as instruções do controlador;* ***(ii) firmar contratos que estabeleçam, dentre outros assuntos, o regime de atividades e responsabilidades com o controlador****; (iii) dar ciência ao controlador em caso de contrato com suboperador.*

Art. 40. A autoridade nacional poderá dispor sobre padrões de interoperabilidade para fins de portabilidade, livre acesso aos dados e segurança, assim como sobre o tempo de guarda dos registros, tendo em vista especialmente a necessidade e a transparência.

Devido ao poder de fiscalização das autoridades nacionais, é relevante pontuar que a instituição de padrões de ação por esses órgãos facilita o cumprimento das normas. Este artigo pende de regulamentação pela ANPD.

Seção II – Do Encarregado pelo Tratamento de Dados Pessoais

Art. 41. O controlador deverá indicar encarregado pelo tratamento de dados pessoais.

§ 1º A identidade e as informações de contato do encarregado deverão ser divulgadas publicamente, de forma clara e objetiva, preferencialmente no sítio eletrônico do controlador.

---

47 Disponível em: https://www.gov.br/anpd/pt-br/centrais-de-conteudo/materiais-educativos-e-publicacoes/Segunda_Versao_do_Guia_de_Agentes_de_Tratamento_retificada.pdf.

§ 2º As atividades do encarregado consistem em:

I – aceitar reclamações e comunicações dos titulares, prestar esclarecimentos e adotar providências;

II – receber comunicações da autoridade nacional e adotar providências;

III – orientar os funcionários e os contratados da entidade a respeito das práticas a serem tomadas em relação à proteção de dados pessoais; e

IV – executar as demais atribuições determinadas pelo controlador ou estabelecidas em normas complementares.

§ 3º A autoridade nacional poderá estabelecer normas complementares sobre a definição e as atribuições do encarregado, inclusive hipóteses de dispensa da necessidade de sua indicação, conforme a natureza e o porte da entidade ou o volume de operações de tratamento de dados.

§ 4º (VETADO).

A imputação da necessidade de um encarregado principal por parte do controlador em face das atividades e ações relativas ao tratamento de dados busca garantir que as informações fiquem centralizadas e que o controlador se certifique de que a aplicação das normas receberá efetiva validação.

Importa destacar que a Resolução CD/ANPD n. 2/2022, que regula a aplicação da LGPD para agentes de pequeno porte, trata da exceção de nomeação do encarregado para agentes de pequeno porte em seu art. 11, condicionando, entretanto, a disponibilização de um canal de comunicação com o titular.

O encarregado pode ser qualquer tipo de pessoa, seja ela física ou jurídica, seja ela contratada interna ou terceirizada, e a lei não trouxe qualquer requisito de formação específica como ocorre com o Regulamento GDPR.

O GDPR pontua no art. 27 a necessidade de indicação de um representante na União quando o controlador ou o processador não estiverem estabelecidos dentro da União. E os arts. 37 a 39 descrevem as situações em que o responsável pelo tratamento e o subcontratante devem designar um encarregado para a proteção de dados. Em verdade, todas as atividades do encarregado (pela LGPD) ou do DPO (pelo GDPR) demonstram muito mais um serviço do que a atividade de uma única pessoa.

A experiência tem mostrado que as habilidades necessárias para execução de todas as atividades do Encarregado (DPO) são híbridas, ou seja, exigem tanto conhecimento da própria legislação como também sobre atendimento e relacionamento com titulares (que podem ter dois tipos de perfis principais: o de consumidor final e o de funcionário, em que os canais de diálogos normalmente são atendidos ou por uma Ouvidoria ou SAC ou então por um RH ou Canal de Denúncias). Além disso, também deve ter conhecimentos técnicos, especialmente de cibersegurança e se possível de governança de dados. Logo, poderíamos agrupar as ações do Encarregado em pelo menos 4 grupos distintos: a) atendimento de Titulares (para dentro e para fora); b) relacionamento com Autoridades (*Legal Affairs*); c) orientação sobre Proteção de Dados Pessoais (suporte para implementação e manutenção da conformidade e campanhas educativas); e d) resposta a incidentes (contenção, mitigação e lições aprendidas).

Analisando todo esse escopo, podemos identificar alguns perfis muito afins a essa função, como do *Compliance*, da Auditoria, do Jurídico, do *Security Officer* e da área de Riscos. Por isso, muitas instituições têm constituído um comitê e têm também contato com alguma consultoria externa (DPO *as a service* ou *on demand*).

Contudo, em todos esses cenários, deve-se estar atento ao conflito de interesses, este definido no art. 2º, II, do regulamento sobre a atuação do encarregado pelo tratamento de dados pessoais aprovado pela Resolução CA/ANPD n. 18, de 16 de julho de 2024, como a "*situação que possa comprometer, influenciar ou afetar, de maneira imprópria, a objetividade e o julgamento técnico no desempenho das atribuições do encarregado".*

A Resolução ainda enfatiza a necessidade de ética, integridade e autonomia técnica do encarregado, instruindo-o a evitar situações que possam gerar o conflito de interesse, ou seja, há a possibilidade de acumulação de funções pelo encarregado, desde que não haja risco de conflito.

O conflito de interesses pode ocorrer de forma interna ou ainda no acúmulo de funções:

- Conflito interno: quando as atribuições internas do encarregado em uma organização ou a atuação como encarregado em diferentes organizações se chocam.
- Acúmulo de funções: quando o encarregado exerce funções que envolvem a tomada de decisão sobre os meios ou as finalidades do tratamento de dados pessoais, ressalvadas as operações inerentes às atribuições típicas do encarregado.

Em outras palavras, o encarregado não deve ser responsável por decidir ou executar e ao mesmo tempo supervisionar as operações que envolvem dados pessoais, uma vez que tal situação pode levar ao comprometimento da imparcialidade inerente às tarefas desempenhadas pelo encarregado pelo tratamento de dados pessoais e à aplicação de sanções por parte da Autoridade Nacional de Proteção de Dados (ANPD).

Nesse sentido, o encarregado tem a obrigação de comunicar ao agente de tratamento qualquer situação que possa configurar conflito de interesse, assumindo a responsabilidade pela veracidade das informações prestadas. O agente de tratamento, por sua vez, deve garantir que o encarregado não exerça funções que possam gerar conflito de interesse, tomando as medidas necessárias para evitar ou solucionar a situação. Caso a possibilidade de conflito seja constatada, o agente de tratamento pode optar por não designar a pessoa para a função de encarregado, implementar medidas para minimizar o risco de conflito ou ainda substituir o encarregado.

Vale ressaltar que, no caso do GDPR, há disposição clara e explícita sobre o conflito de interesses no art. 38.6.

A Resolução ainda estabelece que o agente de tratamento deverá divulgar e manter atualizadas a identidade e as informações de contato do encarregado.

De acordo com o art. 9º do documento, a identidade e as informações de contato do encarregado devem ser divulgadas publicamente, de forma clara e objetiva, em local de destaque e de fácil acesso, no sítio eletrônico do agente de tratamento, ressalvada a hipótese do § 3º desse artigo.

A divulgação da identidade do encarregado, assim como seu substituto, deve incluir, no mínimo:

- **se pessoa natural**: o nome completo;
- **se pessoa jurídica**: o nome empresarial ou o título do estabelecimento, bem como o nome completo da pessoa natural responsável.

Além disso, é recomendável a disponibilização de um meio de contato, uma vez que tais informações devem permitir a comunicação por parte dos titulares dos dados e da ANPD e a exigência de canal de comunicação na Resolução CD/ANPD n. 2/2022.

Por fim, o § 3º do art. 9º considera que agentes de tratamento que não possuam sítio eletrônico podem utilizar outros meios de comunicação para divulgar a identidade e as informações de contato do encarregado.

Para mais informações a respeito do encarregado de proteção de dados, veja o *Capítulo 4. Conceitos e terminologias.*

Seção III – Da Responsabilidade e do Ressarcimento de Danos

Art. 42. O controlador ou o operador que, em razão do exercício de atividade de tratamento de dados pessoais, causar a outrem dano patrimonial, moral, individual ou coletivo, em violação à legislação de proteção de dados pessoais, é obrigado a repará-lo.

§ 1º A fim de assegurar a efetiva indenização ao titular dos dados:

I – o operador responde solidariamente pelos danos causados pelo tratamento quando descumprir as obrigações da legislação de proteção de dados ou quando não tiver seguido as instruções lícitas do controlador, hipótese em que o operador equipara-se ao controlador, salvo nos casos de exclusão previstos no art. 43 desta Lei;

II – os controladores que estiverem diretamente envolvidos no tratamento do qual decorreram danos ao titular dos dados respondem solidariamente, salvo nos casos de exclusão previstos no art. 43 desta Lei.

§ 2º O juiz, no processo civil, poderá inverter o ônus da prova a favor do titular dos dados quando, a seu juízo, for verossímil a alegação, houver hipossuficiência para fins de produção de prova ou quando a produção de prova pelo titular resultar-lhe excessivamente onerosa.

§ 3º As ações de reparação por danos coletivos que tenham por objeto a responsabilização nos termos do *caput* deste artigo podem ser exercidas coletivamente em juízo, observado o disposto na legislação pertinente.

§ 4º Aquele que reparar o dano ao titular tem direito de regresso contra os demais responsáveis, na medida de sua participação no evento danoso.

Assim como no GDPR, arts. 24, 25 e 26, a lei brasileira traz em sua previsão o caráter solidário da responsabilização do controlador e do operador.

Art. 43. Os agentes de tratamento só não serão responsabilizados quando provarem:

I – que não realizaram o tratamento de dados pessoais que lhes é atribuído;

II – que, embora tenham realizado o tratamento de dados pessoais que lhes é atribuído, não houve violação à legislação de proteção de dados; ou

III – que o dano é decorrente de culpa exclusiva do titular dos dados ou de terceiro.

Mediante a apresentação de provas suficientes que isentem de responsabilidade os agentes do tratamento de dados (que são o controlador e/ou o operador), a mesma isenção de responsabilidade lhe deverá ser garantida.

Art. 44. O tratamento de dados pessoais será irregular quando deixar de observar a legislação ou quando não fornecer a segurança que o titular dele pode esperar, consideradas as circunstâncias relevantes, entre as quais:

I – o modo pelo qual é realizado;

II – o resultado e os riscos que razoavelmente dele se esperam;

III – as técnicas de tratamento de dados pessoais disponíveis à época em que foi realizado.

Parágrafo único. Responde pelos danos decorrentes da violação da segurança dos dados o controlador ou o operador que, ao deixar de adotar as medidas de segurança previstas no art. 46 desta Lei, der causa ao dano.

Este artigo traz as condições de demonstração da ilicitude do tratamento de dados pessoais, assim como ocorre com o art. 6º do GDPR, que pontua as condições de licitude do tratamento de dados pessoais.

Nessa linha, ganha importância o requisito do *privacy by design*, também previsto na LGPD, que estabelece que as medidas técnicas e administrativas de segurança devem ser observadas desde a fase de concepção do produto ou do serviço até a sua execução[48].

Art. 45. As hipóteses de violação do direito do titular no âmbito das relações de consumo permanecem sujeitas às regras de responsabilidade previstas na legislação pertinente.

Dependendo do tipo de violação de direitos do titular serão aplicadas penalidades conforme já previsto na legislação consumerista (Código de Defesa do Consumidor) e/ou pela regra geral do Código Civil Brasileiro (arts. 186, 187 e 927[49]).

Capítulo VII
DA SEGURANÇA E DAS BOAS PRÁTICAS

Seção I – Da Segurança e do Sigilo de Dados

Art. 46. Os agentes de tratamento devem adotar medidas de segurança, técnicas e administrativas aptas a proteger os dados pessoais de acessos não autorizados e de situações acidentais ou ilícitas de destruição, perda, alteração, comunicação ou qualquer forma de tratamento inadequado ou ilícito.

---

48 Lição de Miriam Wimmer sobre o princípio da segurança e da prevenção disposto no Relatório de Instrução n. 3/2024/FIS/CGF. Disponível em: https://www.gov.br/anpd/pt-br/centrais-de-conteudo/ri-pas-pe-versao-publica.pdf.

49 "Art. 186. Aquele que, por ação ou omissão voluntária, negligência ou imprudência, violar direito e causar dano a outrem, ainda que exclusivamente moral, comete ato ilícito.

Art. 187. Também comete ato ilícito o titular de um direito que, ao exercê-lo, excede manifestamente os limites impostos pelo seu fim econômico ou social, pela boa-fé ou pelos bons costumes.

[...]

Art. 927. Aquele que, por ato ilícito (arts. 186 e 187), causar dano a outrem, fica obrigado a repará-lo."

§ 1º A autoridade nacional poderá dispor sobre padrões técnicos mínimos para tornar aplicável o disposto no *caput* deste artigo, considerados a natureza das informações tratadas, as características específicas do tratamento e o estado atual da tecnologia, especialmente no caso de dados pessoais sensíveis, assim como os princípios previstos no *caput* do art. 6º desta Lei.

§ 2º As medidas de que trata o *caput* deste artigo deverão ser observadas desde a fase de concepção do produto ou do serviço até a sua execução.

No âmbito da promoção da segurança da informação, os processos e procedimentos devem assegurar a disponibilidade, a integridade e a confidencialidade de todas as formas de informação, ao longo de todo o ciclo de vida do dado. Situações acidentais ou ilícitas de destruição, perda ou alteração também constituem incidentes de segurança e devem ser comunicadas nos moldes do art. 48 da LGPD, sempre que possam acarretar risco ou dano relevante aos titulares[50].

O art. 46 da LGPD estabelece duas categorias de medidas de segurança que devem ser adotadas pelos agentes de tratamento para proteger os dados pessoais de tratamentos ilícitos: as técnicas e as administrativas. Entre as administrativas estão aquelas que dizem respeito, entre outros aspectos, às regras de gestão de sistemas informatizados e de orientação aos usuários para realizar o manejo desses sistemas e dos dados pessoais a que têm acesso[51].

50 Posicionamento disposto no Relatório de Instrução n. 5/2024/FIS/CGF. Disponível em: https://www.gov.br/anpd/pt-br/centrais-de-conteudo/decisoes-em-processos-sancionadores-1/relatorio_de_instrucao_5_publico_ocultado.pdf.

51 Nesse sentido, vale destacar que, em 2024, O Supremo Tribunal Federal (STF) implementou sete novas Instruções Normativas (INs) para aprimorar a segurança cibernética e a proteção de dados, visando a um ambiente cibernético mais seguro e à privacidade das informações. As INs estabelecem políticas para a integridade, a confidencialidade e a disponibilidade dos dados, abrangendo desde o uso de recursos de TI até

Portanto, as duas categorias trazidas no art. 46 são intrinsecamente complementares entre si: se, por um lado, é essencial que os sistemas comportem configurações de segurança técnicas que assegurem o adequado tratamento de dados pessoais, por outro lado, medidas de segurança administrativas são cruciais para que tais sistemas sejam utilizados adequadamente[52].

No art. 5º do GDPR, são descritos os princípios relacionados ao processamento de dados pessoais desde a sua criação até a minimização dos dados, instituindo-se inclusive um ciclo de vida dos dados. O art. 32 reitera a necessidade de adoção de medidas técnicas e organizacionais adequadas que assegurem um nível de segurança satisfatório ao risco, bem como vem sendo amplamente interpretado nas decisões das autoridades europeias.

Alguns exemplos de casos de aplicação do art. 32 do GDPR envolveram uma multa aplicada a uma empresa que armazenava senhas de usuários sem criptografia adequada, violando os princípios de confidencialidade e integridade dos dados. A autoridade de proteção de dados determinou que a empresa deveria implementar pseudonimização e criptografia para evitar acessos não autorizados. Já a legislação brasileira não chegou a detalhar a necessidade de criptografia como requisito na LGPD, ficando a cargo da ANPD a regulamentação dos padrões mínimos.

---

a gestão de riscos e incidentes, com o objetivo principal de proteger dados pessoais contra acessos não autorizados e vazamentos. No ano seguinte, complementando tais medidas, também lançou o "Guia Boas Práticas de Proteção de Dados Pessoais no STF". Disponível em: https://noticias.stf.jus.br/postsnoticias/stf-tem-novas-diretrizes-para-seguranca-cibernetica-e-protecao-de-dados/; https://bibliotecadigital.stf.jus.br/xmlui/bitstream/handle/123456789/7488/GUIA%20LGPD_13%202%20%281%29.pdf?sequence=1&isAllowed=y. Acesso em: 30 jun. 2025

52 Trechos retirados do Relatório de Instrução n. 2/2024/FIS/CGF/ANPD. Disponível em: https://www.gov.br/anpd/pt-br/centrais-de-conteudo/relatorio-instrucao-2-2024_sec-educacao-gdf.pdf.

Outro exemplo relevante foi a decisão de uma autoridade europeia contra uma instituição financeira que não possuía mecanismos eficazes para restaurar a disponibilidade dos dados em caso de incidente técnico. O regulador destacou que o art. 32 exige que as organizações tenham planos de recuperação e resiliência para garantir a continuidade dos serviços e a proteção dos dados dos clientes. Como consequência, a instituição foi obrigada a revisar suas políticas de segurança e implementar testes regulares para avaliar a eficácia das medidas adotadas.

Por último, em um caso envolvendo uma empresa de tecnologia, a autoridade de proteção de dados determinou que a organização deveria realizar auditorias periódicas e testes de vulnerabilidade para garantir que suas medidas de segurança estivessem atualizadas. Essa decisão reforçou a importância de um processo contínuo de monitoramento e aprimoramento das práticas de proteção de dados, conforme exigido pelo GDPR.

Afinal, se a legislação é sobre proteção de dados, há de se convir que a evidência de implementação de medidas administrativas e técnicas de segurança da informação é um requisito essencial a ser cumprido.

Notadamente os padrões técnicos acabam seguindo orientação de melhores práticas de mercado, tais como ISO 27001, 27701, NIST e outros, mas, como já foi dito, este artigo ainda está sujeito a regulamentação da ANPD para que seja realizado um descritivo mais detalhado dos requisitos de segurança[53]. No caso do Brasil, há que se lembrar ainda do art. 13 do Decreto n. 8.771/2016, que previu alguns padrões quando da regulamentação da Lei n. 12.965/2014 (Marco Civil da Internet).

---

53 Tópico previsto na Fase 1 da Agenda Regulatória para o biênio 2025-2026.

Art. 47. Os agentes de tratamento ou qualquer outra pessoa que intervenha em uma das fases do tratamento obriga-se a garantir a segurança da informação prevista nesta Lei em relação aos dados pessoais, mesmo após o seu término.

Devido à responsabilidade solidária das ações imputadas durante o processo de tratamento de dados, a segurança dos procedimentos deve ser assegurada por todos os agentes, sendo fundamental a preservação da trilha de auditoria para fins de apuração. Pode-se afirmar que não há proteção de dados pessoais sem a segurança da informação, que garante a confidencialidade, a disponibilidade e a integridade das informações em posse do controlador e operador.

A questão da gestão de risco no terceiro ou no terceirizado, que é o operador, tem se mostrado um dos maiores desafios para governança dos controladores.

Art. 48. O controlador deverá comunicar à autoridade nacional e ao titular a ocorrência de incidente de segurança que possa acarretar risco ou dano relevante aos titulares.

§ 1º A comunicação será feita em prazo razoável, conforme definido pela autoridade nacional, e deverá mencionar, no mínimo:

I – a descrição da natureza dos dados pessoais afetados;

II – as informações sobre os titulares envolvidos;

III – a indicação das medidas técnicas e de segurança utilizadas para a proteção dos dados, observados os segredos comercial e industrial;

IV – os riscos relacionados ao incidente;

V – os motivos da demora, no caso de a comunicação não ter sido imediata; e

VI – as medidas que foram ou que serão adotadas para reverter ou mitigar os efeitos do prejuízo.

§ 2º A autoridade nacional verificará a gravidade do incidente e poderá, caso necessário para a salvaguarda dos direitos dos titulares, determinar ao controlador a adoção de providências, tais como:

I – ampla divulgação do fato em meios de comunicação; e

II – medidas para reverter ou mitigar os efeitos do incidente.

§ 3º No juízo de gravidade do incidente, será avaliada eventual comprovação de que foram adotadas medidas técnicas adequadas que tornem os dados pessoais afetados ininteligíveis, no âmbito e nos limites técnicos de seus serviços, para terceiros não autorizados a acessá-los.

Como reflexo da boa-fé, transparência e responsabilização dos atos dos agentes, a comunicação pelo controlador da ocorrência de incidentes de segurança durante o processo de tratamento de dados é essencial. Embora o dispositivo legal não tenha definido um prazo, indicando apenas que este dever ser razoável, posteriormente a Autoridade Nacional de Proteção de Dados estabeleceu, em regulamento específico, o prazo de 3 (três) dias úteis, ressalvada a existência de prazo para comunicação previsto em legislação específica. Também previu a possibilidade de comunicação preliminar, que permite a complementação das informações do incidente em até 20 (vinte) dias úteis a contar da data da comunicação inicial[54].

A Resolução CD/ANPD n. 15, de 24 de abril de 2024, e o anexo que a acompanha, o Regulamento de Comunicação de Incidente de Segurança, estabelecem as regras para o tratamento de incidentes de segurança que podem causar riscos ou danos relevantes aos titulares de dados.

Primeiramente, para que seja necessária a comunicação, o incidente deve afetar significativamente interesses e direitos

54 Disponível em: https://www.in.gov.br/en/web/dou/-/resolucao-cd/anpd-n-15-de-24-de-abril-de-2024-556243024.

fundamentais dos titulares e envolver, além disso, pelo menos, um dos seguintes critérios (art. 5º):

- Dados pessoais sensíveis: dados que revelam a origem racial ou étnica, a convicção religiosa, a opinião política, a filiação sindical, a vida sexual, a genética ou a biometria.
- Dados de crianças, de adolescentes ou de idosos: dados que envolvam menores de idade, adolescentes ou pessoas acima de 60 anos.
- Dados financeiros: dados relacionados a transações financeiras, como compras, pagamentos e investimentos.
- Dados de autenticação em sistemas: dados que permitem a identificação e o acesso a sistemas, como senhas e logins.
- Dados protegidos por sigilo legal, judicial ou profissional: dados que se enquadram em sigilo legal, judicial, médico ou profissional.
- Dados em larga escala: dados que abrangem um número significativo de titulares, considerando o volume de dados envolvidos, a duração, a frequência e a extensão geográfica.

Caso o incidente contemple o caso anterior, a comunicação deve ser feita por meio de formulário eletrônico disponibilizado pela ANPD (art. 6º, § 4º), contendo as seguintes informações (art. 6º, § 2º):

I – a descrição da natureza e da categoria de dados pessoais afetados;

II – o número de titulares afetados, discriminando, quando aplicável, o número de crianças, de adolescentes ou de idosos;

III – as medidas técnicas e de segurança utilizadas para a proteção dos dados pessoais, adotadas antes e após o incidente, observados os segredos comercial e industrial;

IV – os riscos relacionados ao incidente com identificação dos possíveis impactos aos titulares;

V – os motivos da demora, no caso de a comunicação não ter sido realizada no prazo previsto no caput *deste artigo;*

VI – as medidas que foram ou que serão adotadas para reverter ou mitigar os efeitos do incidente sobre os titulares;

VII – a data da ocorrência do incidente, quando possível determiná-la, e a de seu conhecimento pelo controlador;

VIII – os dados do encarregado ou de quem represente o controlador;

IX – a identificação do controlador e, se for o caso, declaração de que se trata de agente de tratamento de pequeno porte;

X – a identificação do operador, quando aplicável;

XI – a descrição do incidente, incluindo a causa principal, caso seja possível identificá-la; e

XII – o total de titulares cujos dados são tratados nas atividades de tratamento afetadas pelo incidente.

O GDPR destaca a importância dessa ação no artigo 33 e ainda aponta que a notificação deve ocorrer sem demora injustificada e, sempre que possível, em até 72 horas após ter conhecimento do ocorrido.

Art. 49. Os sistemas utilizados para o tratamento de dados pessoais devem ser estruturados de forma a atender aos requisitos de segurança, aos padrões de boas práticas e de governança e aos princípios gerais previstos nesta Lei e às demais normas regulamentares.

Qualquer procedimento, sistema ou equipamento necessário durante o tratamento de dados deve seguir os mesmos requisitos de segurança mínimos exigidos pela lei; de outra maneira, ficaria impossível garantir a plena eficácia das medidas adotadas.

Segundo o Relatório de Instrução n. 3/2024/FIS/CGFA[55], a não adoção de sistemas estruturados em conformidade com os requisitos de segurança, os padrões de boas práticas e de governança e os princípios gerais da LGPD configura uma violação ao art. 49 da LGPD e a mera insuficiência de provas que confirmem a falha no sistema como causa do incidente não se sustenta como pretexto para o afastamento de imputação de violação ao artigo em questão.

O art. 32 do GDPR aponta as providências mínimas que devem ser adotadas para garantir a segurança do tratamento e é um artigo muito citado nos processos administrativos fiscalizatórios das autoridades europeias.

Seção II – Das Boas Práticas e da Governança

Art. 50. Os controladores e operadores, no âmbito de suas competências, pelo tratamento de dados pessoais, individualmente ou por meio de associações, poderão formular regras de boas práticas e de governança que estabeleçam as condições de organização, o regime de funcionamento, os procedimentos, incluindo reclamações e petições de titulares, as normas de segurança, os padrões técnicos, as obrigações específicas para os diversos envolvidos no tratamento, as ações educativas, os mecanismos internos de supervisão e de mitigação de riscos e outros aspectos relacionados ao tratamento de dados pessoais.

§ 1º Ao estabelecer regras de boas práticas, o controlador e o operador levarão em consideração, em relação ao tratamento e aos dados, a natureza, o escopo, a finalidade e a probabilidade e a

---

55 Disponível em: https://www.gov.br/anpd/pt-br/centrais-de-conteudo/ri-pas-pe-versao-publica.pdf.

gravidade dos riscos e dos benefícios decorrentes de tratamento de dados do titular.

§ 2º Na aplicação dos princípios indicados nos incisos VII e VIII do *caput* do art. 6º desta Lei, o controlador, observados a estrutura, a escala e o volume de suas operações, bem como a sensibilidade dos dados tratados e a probabilidade e a gravidade dos danos para os titulares dos dados, poderá:

I – implementar programa de governança em privacidade que, no mínimo:

a) demonstre o comprometimento do controlador em adotar processos e políticas internas que assegurem o cumprimento, de forma abrangente, de normas e boas práticas relativas à proteção de dados pessoais;

b) seja aplicável a todo o conjunto de dados pessoais que estejam sob seu controle, independentemente do modo como se realizou sua coleta;

c) seja adaptado à estrutura, à escala e ao volume de suas operações, bem como à sensibilidade dos dados tratados;

d) estabeleça políticas e salvaguardas adequadas com base em processo de avaliação sistemática de impactos e riscos à privacidade;

e) tenha o objetivo de estabelecer relação de confiança com o titular, por meio de atuação transparente e que assegure mecanismos de participação do titular;

f) esteja integrado a sua estrutura geral de governança e estabeleça e aplique mecanismos de supervisão internos e externos;

g) conte com planos de resposta a incidentes e remediação; e

h) seja atualizado constantemente com base em informações obtidas a partir de monitoramento contínuo e avaliações periódicas;

II – demonstrar a efetividade de seu programa de governança em privacidade quando apropriado e, em especial, a pedido da autoridade nacional ou de outra entidade responsável por promover o cumprimento de boas práticas ou códigos de conduta, os quais, de forma independente, promovam o cumprimento desta Lei.

§ 3º As regras de boas práticas e de governança deverão ser publicadas e atualizadas periodicamente e poderão ser reconhecidas e divulgadas pela autoridade nacional.

A instituição de medidas e regras de boas práticas e de governança é essencial para que todos os requisitos necessários à proteção dos dados pessoais sejam efetivados.

Conforme os arts. 40, 41, 42 e 43, as medidas de boas práticas envolvem um sistema amplo e complexo de relações e previsões como instituição de mecanismos de educação e prevenção em face da segurança da informação, atuação de organismos de certificação e treinamento de equipes junto à atuação das autoridades supervisoras.

A importância da apresentação do programa de governança e da evidência da aplicação das boas práticas foi trazida também pela Resolução n. 01 CD/ANPD, em seus arts. 27, 28 e 29.

Esse tema está previsto na Agenda Regulatória para o biênio 2025-2026.

Art. 51. A autoridade nacional estimulará a adoção de padrões técnicos que facilitem o controle pelos titulares dos seus dados pessoais.

O estímulo da adoção de mecanismos de controle interno e instituição de padrões técnicos de garantia de segurança à informação também deve ser realizado pela autoridade competente.

Capítulo VIII
DA FISCALIZAÇÃO

Seção I – Das Sanções Administrativas

Art. 52. Os agentes de tratamento de dados, em razão das infrações cometidas às normas previstas nesta Lei, ficam sujeitos às seguintes sanções administrativas aplicáveis pela autoridade nacional:

I – advertência, com indicação de prazo para adoção de medidas corretivas;

II – multa simples, de até 2% (dois por cento) do faturamento da pessoa jurídica de direito privado, grupo ou conglomerado no Brasil no seu último exercício, excluídos os tributos, limitada, no total, a R$ 50.000.000,00 (cinquenta milhões de reais) por infração;

III – multa diária, observado o limite total a que se refere o inciso II;

IV – publicização da infração após devidamente apurada e confirmada a sua ocorrência;

V – bloqueio dos dados pessoais a que se refere a infração até a sua regularização;

VI – eliminação dos dados pessoais a que se refere a infração;

VII – (VETADO);

VIII – (VETADO);

IX – (VETADO);

X – suspensão parcial do funcionamento do banco de dados a que se refere a infração pelo período máximo de 6 (seis) meses, prorrogável por igual período, até a regularização da atividade de tratamento pelo controlador;

XI – suspensão do exercício da atividade de tratamento dos dados pessoais a que se refere a infração pelo período máximo de 6 (seis) meses, prorrogável por igual período;

XII – proibição parcial ou total do exercício de atividades relacionadas a tratamento de dados.

§ 1º As sanções serão aplicadas após procedimento administrativo que possibilite a oportunidade da ampla defesa, de forma gradativa, isolada ou cumulativa, de acordo com as peculiaridades do caso concreto e considerados os seguintes parâmetros e critérios:

I – a gravidade e a natureza das infrações e dos direitos pessoais afetados;

II – a boa-fé do infrator;

III – a vantagem auferida ou pretendida pelo infrator;

IV – a condição econômica do infrator;

V – a reincidência;

VI – o grau do dano;

VII – a cooperação do infrator;

VIII – a adoção reiterada e demonstrada de mecanismos e procedimentos internos capazes de minimizar o dano, voltados ao tratamento seguro e adequado de dados, em consonância com o disposto no inciso II do § 2º do art. 48 desta Lei;

IX – a adoção de política de boas práticas e governança;

X – a pronta adoção de medidas corretivas; e

XI – a proporcionalidade entre a gravidade da falta e a intensidade da sanção.

§ 2º O disposto neste artigo não substitui a aplicação de sanções administrativas, civis ou penais definidas na Lei n. 8.078, de 11 de setembro de 1990, e em legislação específica.

§ 3º O disposto nos incisos I, IV, V, VI, X, XI e XII do *caput* deste artigo poderá ser aplicado às entidades e aos órgãos públicos, sem prejuízo do disposto na Lei n. 8.112, de 11 de dezembro de 1990, na Lei n. 8.429, de 2 de junho de 1992, e na Lei n. 12.527, de 18 de novembro de 2011.

§ 4º No cálculo do valor da multa de que trata o inciso II do *caput* deste artigo, a autoridade nacional poderá considerar o faturamento total da empresa ou grupo de empresas, quando não dispuser do valor do faturamento no ramo de atividade empresarial em que ocorreu a infração, definido pela autoridade nacional, ou quando o valor for apresentado de forma incompleta ou não for demonstrado de forma inequívoca e idônea.

§ 5º O produto da arrecadação das multas aplicadas pela ANPD, inscritas ou não em dívida ativa, será destinado ao Fundo de Defesa de Direitos Difusos de que tratam o art. 13 da Lei n. 7.347, de 24 de julho de 1985, e a Lei n. 9.008, de 21 de março de 1995.

§ 6º As sanções previstas nos incisos X, XI e XII do *caput* deste artigo serão aplicadas:

I – somente após já ter sido imposta ao menos 1 (uma) das sanções de que tratam os incisos II, III, IV, V e VI do *caput* deste artigo para o mesmo caso concreto; e

II – em caso de controladores submetidos a outros órgãos e entidades com competências sancionatórias, ouvidos esses órgãos.

§ 7º Os vazamentos individuais ou os acessos não autorizados de que trata o *caput* do art. 46 desta Lei poderão ser objeto de conciliação direta entre controlador e titular e, caso não haja acordo, o controlador estará sujeito à aplicação das penalidades de que trata este artigo.

A imputação de sanções administrativas faz com que os entes responsáveis pelo tratamento de dados pessoais atentem-se à garantia da segurança das informações que estão utilizando.

Dessa forma, observa-se que a LGPD busca estimular a aplicação de seus dispositivos em caráter preventivo.

As sanções vão desde advertências até a imputação de multa simples – que pode chegar a 2% do faturamento, cujo valor fica limitado a um total de R$ 50 milhões – e diária, além da suspensão das atividades relativas ao banco de dados.

Ademais, o art. 52, § 3º, da LGPD, ao estabelecer as sanções que podem ser impostas a entidade ou a órgãos públicos, afasta, a possibilidade de aplicação de multa ou de multa diária a esses agentes de tratamento[56].

O art. 84 do GDPR também aponta que cabe aos Estados-Membros o estabelecimento de regras para a aplicação de sanções, que devem ser efetivas, proporcionais e dissuasivas.

A ANPD aplicou a primeira multa por descumprimento à LGPD em julho de 2023. No caso específico, por se tratar de microempresa, o valor para cada infração ficou limitado a 2% do faturamento bruto, conforme o art. 52, II, da LGPD, totalizando

56 Posicionamento disposto no Relatório de Instrução n. 5/2024/FIS/CGF. Disponível em: https://www.gov.br/anpd/pt-br/centrais-de-conteudo/decisoes-em-processos-sancionadores-1/relatorio_de_instrucao_5_publico_ocultado.pdf.

uma multa de R$ 14.400,00. Já em 2024, a ANPD não multou empresas por violação da LGPD.

> **Art. 53.** A autoridade nacional definirá, por meio de regulamento próprio sobre sanções administrativas a infrações a esta Lei, que deverá ser objeto de consulta pública, as metodologias que orientarão o cálculo do valor-base das sanções de multa.
>
> § 1º As metodologias a que se refere o *caput* deste artigo devem ser previamente publicadas, para ciência dos agentes de tratamento, e devem apresentar objetivamente as formas e dosimetrias para o cálculo do valor-base das sanções de multa, que deverão conter fundamentação detalhada de todos os seus elementos, demonstrando a observância dos critérios previstos nesta Lei.
>
> § 2º O regulamento de sanções e metodologias correspondentes deve estabelecer as circunstâncias e as condições para a adoção de multa simples ou diária.

Cabe à autoridade nacional responsável a análise do caso e proporcional aplicação das medidas de sanção.

Nesse sentido, em 2023 a ANPD publicou o Regulamento de Dosimetria e Aplicação de Sanções Administrativa, aprovado pela Resolução CD/ANPD n. 4, de 24 de fevereiro de 2023[57], cujo principal ponto é o estabelecimento de parâmetros e critérios para aplicação de sanções administrativas, assim como as formas e dosimetrias para o cálculo do valor-base das sanções de multa.

O cálculo do valor-base da multa simples é feito por meio de uma fórmula que considera a classificação da infração (leve, média ou grave) e o grau do dano. A alíquota-base é definida com base na classificação da infração e no grau do dano, com valores mínimos e máximos. O valor-base é calculado multiplicando a alíquota-base

57 Disponível em: https://www.in.gov.br/en/web/dou/-/resolucao-cd/anpd-n-4-de-24-de-fevereiro-de-2023-466146077.

pelo faturamento bruto, excluídos os tributos. Para casos em que o infrator seja pessoa natural ou pessoa jurídica sem faturamento, são utilizados valores mínimos e máximos fixos, de acordo com a classificação da infração e o grau do dano.

Para mais informações a respeito de fiscalização e processo administrativo sancionador, *vide* Capítulo 7 da presente obra.

Art. 54. O valor da sanção de multa diária aplicável às infrações a esta Lei deve observar a gravidade da falta e a extensão do dano ou prejuízo causado e ser fundamentado pela autoridade nacional.

Parágrafo único. A intimação da sanção de multa diária deverá conter, no mínimo, a descrição da obrigação imposta, o prazo razoável e estipulado pelo órgão para o seu cumprimento e o valor da multa diária a ser aplicada pelo seu descumprimento.

Observando o princípio constitucional da proporcionalidade[58], a imputação das sanções deve sempre observar a proporcionalidade

---

58 Luís Roberto Barroso (2018, p. 293-294) explica o desenvolvimento do princípio da proporcionalidade afirmando que o "princípio da razoabilidade ou da proporcionalidade, no Brasil, tal como desenvolvido por parte da doutrina e, também, pela jurisprudência, inclusive do Supremo Tribunal Federal, é o produto da conjugação de ideias vindas de dois sistemas diversos: (i) da doutrina do devido processo legal substantivo do direito norte-americano, onde a matéria foi primeiramente tratada; e (ii) do princípio da proporcionalidade do direito alemão". O Supremo Tribunal Federal reitera essa posição, conforme a decisão proferida no RE 374.981-RS (Informativo n. 381 STF): "O princípio da proporcionalidade – que extrai a sua justificação dogmática de diversas cláusulas constitucionais, notadamente aquela que veicula a garantia do *substantive due process of law* – acha-se vocacionado a inibir e a neutralizar os abusos do poder público no exercício de suas funções, qualificando-se como parâmetro de aferição da própria constitucionalidade material dos atos estatais. A norma estatal, que não veicula qualquer conteúdo de irrazoabilidade, presta obséquio ao postulado da proporcionalidade, ajustando-se à cláusula que consagra, em sua dimensão material, o princípio do *substantive due process of law* (art. 5º, LIV). Essa cláusula tutelar, ao inibir os efeitos prejudiciais decorrentes do abuso de poder legislativo, enfatiza a noção de que a prerrogativa de legislar outorgada ao Estado constitui atribuição jurí-

como um critério para prevenir e inibir possíveis abusos do poder estatal no momento do exercício de suas funções. Por certo, as novas leis que tratam de matéria relacionada à proteção de direitos no âmbito da transformação digital das instituições possuem um altíssimo impacto nos modelos de negócios. Desse modo, uma forma de fazer com que sejam observadas é prever penalidades bem altas. No entanto, por serem regras que se aplicam a qualquer perfil de empresa, seja ela uma *startup*, seja uma grande multinacional, privada ou instituição pública, de qualquer setor da economia, há que se considerar uma dosagem na aplicação das punições, sob pena de inviabilizar a pequena empresa ou mesmo os projetos de maior inovação que tendem a assumir mais riscos operacionais. Além disso, o fiscalizador da nova regulamentação também deve levar em consideração alguns critérios que possam agravar ou amenizar a aplicação da sanção, visto que a possibilidade de ocorrência de uma violação de dados a partir de uma violação de segurança é altíssima no contexto digital atual, até por uma grande carência de investimentos no combate ao crime organizado que opera na Internet e que já se utiliza de recursos sofisticados para atacar indivíduos e instituições de todo e qualquer porte. Portanto, mesmo que um controlador ou operador esteja seguindo todas as melhores práticas e aplicando todos os controles, ainda assim, pode haver a infração e o incidente de vazamento de dados pessoais. Logo, por tudo isso, no caso da regulação das infrações envolvendo o tratamento de dados, tal postulação constitucional permanece válida. Importante destacar que o princípio da proporcionalidade ou razoabilidade é amplamente apontado pela doutrina e jurisprudência nacional como uma derivação do art. 5º, V, da Constituição Federal, sendo muito vinculado ao exercício do direito

---

dica essencialmente limitada, ainda que o momento de abstrata instauração normativa possa repousar em juízo meramente político ou discricionário do legislador".

administrativo. Como a regulação dos dados pessoais será efetuada por uma autoridade nacional, a aplicação das sanções deve seguir os mesmos nortes e princípios do direito administrativo.

A regulamentação europeia (GDPR) também postula tal critério no artigo 83, em que são apontadas as condições gerais para a imputação de sanções administrativas, com destaque para o artigo 83 (1): "Cada autoridade de controlo assegura que a aplicação de coimas nos termos do presente artigo [...] em cada caso individual, efetiva, proporcionada e dissuasiva".

Capítulo IX
DA AUTORIDADE NACIONAL DE PROTEÇÃO DE DADOS (ANPD) E DO CONSELHO NACIONAL DE PROTEÇÃO DE DADOS PESSOAIS E DA PRIVACIDADE

Seção I – Da Autoridade Nacional de Proteção de Dados (ANPD)

Art. 55. (VETADO).

Art. 55-A. Fica criada a Autoridade Nacional de Proteção de Dados (ANPD), autarquia de natureza especial, dotada de autonomia técnica e decisória, com patrimônio próprio e com sede e foro no Distrito Federal. (Redação dada pela Lei n. 14.460, de 2022)

Art. 55-B. (Revogado pela Lei n. 14.460, de 2022)

Art. 55-C. A ANPD é composta de: (Incluído pela Lei n. 13.853, de 2019)

I – Conselho Diretor, órgão máximo de direção; (Incluído pela Lei n. 13.853, de 2019)

II – Conselho Nacional de Proteção de Dados Pessoais e da Privacidade; (Incluído pela Lei n. 13.853, de 2019)

III – Corregedoria; (Incluído pela Lei n. 13.853, de 2019)

IV – Ouvidoria; (Incluído pela Lei n. 13.853, de 2019)

V – (revogado); (Redação dada pela Lei n. 14.460, de 2022)

V-A – Procuradoria; e (Incluído pela Lei n. 14.460, de 2022)

VI – unidades administrativas e unidades especializadas necessárias à aplicação do disposto nesta Lei. (Incluído pela Lei n. 13.853, de 2019)

Art. 55-D. O Conselho Diretor da ANPD será composto de 5 (cinco) diretores, incluído o Diretor-Presidente. (Incluído pela Lei n. 13.853, de 2019)

§ 1º Os membros do Conselho Diretor da ANPD serão escolhidos pelo Presidente da República e por ele nomeados, após aprovação pelo Senado Federal, nos termos da alínea *f* do inciso III do art. 52 da Constituição Federal, e ocuparão cargo em comissão do Grupo-Direção e Assessoramento Superiores – DAS, no mínimo, de nível 5. (Incluído pela Lei n. 13.853, de 2019)

§ 2º Os membros do Conselho Diretor serão escolhidos dentre brasileiros que tenham reputação ilibada, nível superior de educação e elevado conceito no campo de especialidade dos cargos para os quais serão nomeados. (Incluído pela Lei n. 13.853, de 2019)

§ 3º O mandato dos membros do Conselho Diretor será de 4 (quatro) anos. (Incluído pela Lei n. 13.853, de 2019)

§ 4º Os mandatos dos primeiros membros do Conselho Diretor nomeados serão de 2 (dois), de 3 (três), de 4 (quatro), de 5 (cinco) e de 6 (seis) anos, conforme estabelecido no ato de nomeação. (Incluído pela Lei n. 13.853, de 2019)

§ 5º Na hipótese de vacância do cargo no curso do mandato de membro do Conselho Diretor, o prazo remanescente será completado pelo sucessor. (Incluído pela Lei n. 13.853, de 2019)

Art. 55-E. Os membros do Conselho Diretor somente perderão seus cargos em virtude de renúncia, condenação judicial transitada em julgado ou pena de demissão decorrente de processo administrativo disciplinar. (Incluído pela Lei n. 13.853, de 2019)

§ 1º Nos termos do *caput* deste artigo, cabe ao Ministro de Estado Chefe da Casa Civil da Presidência da República instaurar o processo administrativo disciplinar, que será conduzido por comissão especial constituída por servidores públicos federais estáveis. (Incluído pela Lei n. 13.853, de 2019)

§ 2º Compete ao Presidente da República determinar o afastamento preventivo, somente quando assim recomendado pela comissão especial de que trata o § 1º deste artigo, e proferir o julgamento. (Incluído pela Lei n. 13.853, de 2019)

Art. 55-F. Aplica-se aos membros do Conselho Diretor, após o exercício do cargo, o disposto no art. 6º da Lei n. 12.813, de 16 de maio de 2013. (Incluído pela Lei n. 13.853, de 2019)

Parágrafo único. A infração ao disposto no *caput* deste artigo caracteriza ato de improbidade administrativa. (Incluído pela Lei n. 13.853, de 2019)

Art. 55-G. Ato do Presidente da República disporá sobre a estrutura regimental da ANPD. (Incluído pela Lei n. 13.853, de 2019)

§ 1º Até a data de entrada em vigor de sua estrutura regimental, a ANPD receberá o apoio técnico e administrativo da Casa Civil da Presidência da República para o exercício de suas atividades. (Incluído pela Lei n. 13.853, de 2019)

§ 2º O Conselho Diretor disporá sobre o regimento interno da ANPD. (Incluído pela Lei n. 13.853, de 2019)

Art. 55-H. Os cargos em comissão e as funções de confiança da ANPD serão remanejados de outros órgãos e entidades do Poder Executivo federal. (Incluído pela Lei n. 13.853, de 2019)

Art. 55-I. Os ocupantes dos cargos em comissão e das funções de confiança da ANPD serão indicados pelo Conselho Diretor e nomeados ou designados pelo Diretor-Presidente. (Incluído pela Lei n. 13.853, de 2019)

Art. 55-J. Compete à ANPD: (Incluído pela Lei n. 13.853, de 2019)

I – zelar pela proteção dos dados pessoais, nos termos da legislação; (Incluído pela Lei n. 13.853, de 2019)

II – zelar pela observância dos segredos comercial e industrial, observada a proteção de dados pessoais e do sigilo das informações quando protegido por lei ou quando a quebra do sigilo violar os fundamentos do art. 2º desta Lei; (Incluído pela Lei n. 13.853, de 2019)

III – elaborar diretrizes para a Política Nacional de Proteção de Dados Pessoais e da Privacidade; (Incluído pela Lei n. 13.853, de 2019)

IV – fiscalizar e aplicar sanções em caso de tratamento de dados realizado em descumprimento à legislação, mediante processo administrativo que assegure o contraditório, a ampla defesa e o direito de recurso; (Incluído pela Lei n. 13.853, de 2019)

V – apreciar petições de titular contra controlador após comprovada pelo titular a apresentação de reclamação ao controlador não solucionada no prazo estabelecido em regulamentação; (Incluído pela Lei n. 13.853, de 2019)

VI – promover na população o conhecimento das normas e das políticas públicas sobre proteção de dados pessoais e das medidas de segurança; (Incluído pela Lei n. 13.853, de 2019)

VII – promover e elaborar estudos sobre as práticas nacionais e internacionais de proteção de dados pessoais e privacidade; (Incluído pela Lei n. 13.853, de 2019)

VIII – estimular a adoção de padrões para serviços e produtos que facilitem o exercício de controle dos titulares sobre seus dados pessoais, os quais deverão levar em consideração as especificidades das atividades e o porte dos responsáveis; (Incluído pela Lei n. 13.853, de 2019)

IX – promover ações de cooperação com autoridades de proteção de dados pessoais de outros países, de natureza internacional ou transnacional; (Incluído pela Lei n. 13.853, de 2019)

X – dispor sobre as formas de publicidade das operações de tratamento de dados pessoais, respeitados os segredos comercial e industrial; (Incluído pela Lei n. 13.853, de 2019)

XI – solicitar, a qualquer momento, às entidades do poder público que realizem operações de tratamento de dados pessoais informe específico sobre o âmbito, a natureza dos dados e os demais detalhes do tratamento realizado, com a possibilidade de emitir parecer técnico complementar para garantir o cumprimento desta Lei; (Incluído pela Lei n. 13.853, de 2019)

XII – elaborar relatórios de gestão anuais acerca de suas atividades; (Incluído pela Lei n. 13.853, de 2019)

XIII – editar regulamentos e procedimentos sobre proteção de dados pessoais e privacidade, bem como sobre relatórios de impacto à proteção de dados pessoais para os casos em que o tratamento representar alto risco à garantia dos princípios gerais de proteção de dados pessoais previstos nesta Lei; (Incluído pela Lei n. 13.853, de 2019)

XIV – ouvir os agentes de tratamento e a sociedade em matérias de interesse relevante e prestar contas sobre suas atividades e planejamento; (Incluído pela Lei n. 13.853, de 2019)

XV – arrecadar e aplicar suas receitas e publicar, no relatório de gestão a que se refere o inciso XII do *caput* deste artigo, o detalhamento de suas receitas e despesas; (Incluído pela Lei n. 13.853, de 2019)

XVI – realizar auditorias, ou determinar sua realização, no âmbito da atividade de fiscalização de que trata o inciso IV e com a devida observância do disposto no inciso II do *caput* deste artigo, sobre o tratamento de dados pessoais efetuado pelos agentes de tratamento, incluído o poder público; (Incluído pela Lei n. 13.853, de 2019)

XVII – celebrar, a qualquer momento, compromisso com agentes de tratamento para eliminar irregularidade, incerteza jurídica ou situação contenciosa no âmbito de processos administrativos, de acordo com o previsto no Decreto-lei n. 4.657, de 4 de setembro de 1942; (Incluído pela Lei n. 13.853, de 2019)

XVIII – editar normas, orientações e procedimentos simplificados e diferenciados, inclusive quanto aos prazos, para que microempresas e empresas de pequeno porte, bem como iniciativas empresariais de caráter incremental ou disruptivo que se autodeclarem *startups* ou empresas de inovação, possam adequar-se a esta Lei; (Incluído pela Lei n. 13.853, de 2019)

XIX – garantir que o tratamento de dados de idosos seja efetuado de maneira simples, clara, acessível e adequada ao seu entendimento, nos termos desta Lei e da Lei n. 10.741, de 1º de outubro de 2003 (Estatuto do Idoso); (Incluído pela Lei n. 13.853, de 2019)

XX – deliberar, na esfera administrativa, em caráter terminativo, sobre a interpretação desta Lei, as suas competências e os casos omissos; (Incluído pela Lei n. 13.853, de 2019)

XXI – comunicar às autoridades competentes as infrações penais das quais tiver conhecimento; (Incluído pela Lei n. 13.853, de 2019)

XXII – comunicar aos órgãos de controle interno o descumprimento do disposto nesta Lei por órgãos e entidades da administração pública federal; (Incluído pela Lei n. 13.853, de 2019)

XXIII – articular-se com as autoridades reguladoras públicas para exercer suas competências em setores específicos de atividades econômicas e governamentais sujeitas à regulação; e (Incluído pela Lei n. 13.853, de 2019)

XXIV – implementar mecanismos simplificados, inclusive por meio eletrônico, para o registro de reclamações sobre o tratamento de dados pessoais em desconformidade com esta Lei. (Incluído pela Lei n. 13.853, de 2019)

§ 1º Ao impor condicionantes administrativas ao tratamento de dados pessoais por agente de tratamento privado, sejam eles limites, encargos ou sujeições, a ANPD deve observar a exigência de mínima intervenção, assegurados os fundamentos, os princípios e os direitos dos titulares previstos no art. 170 da Constituição Federal e nesta Lei. (Incluído pela Lei n. 13.853, de 2019)

§ 2º Os regulamentos e as normas editados pela ANPD devem ser precedidos de consulta e audiência públicas, bem como de análises de impacto regulatório. (Incluído pela Lei n. 13.853, de 2019)

§ 3º A ANPD e os órgãos e entidades públicos responsáveis pela regulação de setores específicos da atividade econômica e governamental devem coordenar suas atividades, nas correspondentes esferas de atuação, com vistas a assegurar o cumprimento de suas atribuições com a maior eficiência e promover o adequado funcionamento dos setores regulados, conforme legislação específica, e o tratamento de dados pessoais, na forma desta Lei. (Incluído pela Lei n. 13.853, de 2019)

§ 4º A ANPD manterá fórum permanente de comunicação, inclusive por meio de cooperação técnica, com órgãos e entidades da administração pública responsáveis pela regulação de setores específicos da atividade econômica e governamental, a fim de facilitar as competências regulatória, fiscalizatória e punitiva da ANPD. (Incluído pela Lei n. 13.853, de 2019)

§ 5º No exercício das competências de que trata o *caput* deste artigo, a autoridade competente deverá zelar pela preservação do segredo empresarial e do sigilo das informações, nos termos da lei. (Incluído pela Lei n. 13.853, de 2019)

§ 6º As reclamações colhidas conforme o disposto no inciso V do *caput* deste artigo poderão ser analisadas de forma agregada, e as eventuais providências delas decorrentes poderão ser adotadas de forma padronizada. (Incluído pela Lei n. 13.853, de 2019)

Art. 55-K. A aplicação das sanções previstas nesta Lei compete exclusivamente à ANPD, e suas competências prevalecerão, no que se refere à proteção de dados pessoais, sobre as competências correlatas de outras entidades ou órgãos da administração pública. (Incluído pela Lei n. 13.853, de 2019)

Parágrafo único. A ANPD articulará sua atuação com outros órgãos e entidades com competências sancionatórias e normativas afetas ao tema de proteção de dados pessoais e será o órgão central de interpretação desta Lei e do estabelecimento de normas e diretrizes para a sua implementação. (Incluído pela Lei n. 13.853, de 2019)

Art. 55-L. Constituem receitas da ANPD: (Incluído pela Lei n. 13.853, de 2019)

I – as dotações, consignadas no orçamento geral da União, os créditos especiais, os créditos adicionais, as transferências e os repasses que lhe forem conferidos; (Incluído pela Lei n. 13.853, de 2019)

II – as doações, os legados, as subvenções e outros recursos que lhe forem destinados; (Incluído pela Lei n. 13.853, de 2019)

III – os valores apurados na venda ou aluguel de bens móveis e imóveis de sua propriedade; (Incluído pela Lei n. 13.853, de 2019)

IV – os valores apurados em aplicações no mercado financeiro das receitas previstas neste artigo; (Incluído pela Lei n. 13.853, de 2019)

V – (VETADO); (Incluído pela Lei n. 13.853, de 2019)

VI – os recursos provenientes de acordos, convênios ou contratos celebrados com entidades, organismos ou empresas, públicos ou privados, nacionais ou internacionais; (Incluído pela Lei n. 13.853, de 2019)

VII – o produto da venda de publicações, material técnico, dados e informações, inclusive para fins de licitação pública. (Incluído pela Lei n. 13.853, de 2019)

Art. 55-M. Constituem o patrimônio da ANPD os bens e os direitos: (Incluído pela Lei n. 14.460, de 2022)

I – que lhe forem transferidos pelos órgãos da Presidência da República; e (Incluído pela Lei n. 14.460, de 2022)

II – que venha a adquirir ou a incorporar. (Incluído pela Lei n. 14.460, de 2022)

Art. 56. (VETADO).

Art. 57. (VETADO).

A Autoridade Nacional de Proteção de Dados Pessoais foi constituída com a Lei n. 13.853/2019 de maneira que a LGPD possa ter o mesmo nível de adequação do Regulamento GDPR.

Ademais, no que diz respeito à elaboração de Diretrizes para a Política Nacional de Proteção de Dados Pessoais e da Privacidade disposta no art. 55-J, III, esta já se encontra prevista na Fase 2 da Agenda Regulatória 2025-2026.

Para mais informações referentes à ANPD, *vide* Capítulo 8 da presente obra.

Seção II – Do Conselho Nacional de Proteção de Dados Pessoais e da Privacidade

---

Art. 58. (VETADO).

Art. 58-A. O Conselho Nacional de Proteção de Dados Pessoais e da Privacidade será composto de 23 (vinte e três) representantes, titulares e suplentes, dos seguintes órgãos: (Incluído pela Lei n. 13.853, de 2019)

I – 5 (cinco) do Poder Executivo federal; (Incluído pela Lei n. 13.853, de 2019)

II – 1 (um) do Senado Federal; (Incluído pela Lei n. 13.853, de 2019)

III – 1 (um) da Câmara dos Deputados; (Incluído pela Lei n. 13.853, de 2019)

IV – 1 (um) do Conselho Nacional de Justiça; (Incluído pela Lei n. 13.853, de 2019)

V – 1 (um) do Conselho Nacional do Ministério Público; (Incluído pela Lei n. 13.853, de 2019)

VI – 1 (um) do Comitê Gestor da Internet no Brasil; (Incluído pela Lei n. 13.853, de 2019)

VII – 3 (três) de entidades da sociedade civil com atuação relacionada a proteção de dados pessoais; (Incluído pela Lei n. 13.853, de 2019)

VIII – 3 (três) de instituições científicas, tecnológicas e de inovação; (Incluído pela Lei n. 13.853, de 2019)

IX – 3 (três) de confederações sindicais representativas das categorias econômicas do setor produtivo; (Incluído pela Lei n. 13.853, de 2019)

X – 2 (dois) de entidades representativas do setor empresarial relacionado à área de tratamento de dados pessoais; e (Incluído pela Lei n. 13.853, de 2019)

XI – 2 (dois) de entidades representativas do setor laboral. (Incluído pela Lei n. 13.853, de 2019)

§ 1º Os representantes serão designados por ato do Presidente da República, permitida a delegação. (Incluído pela Lei n. 13.853, de 2019)

§ 2º Os representantes de que tratam os incisos I, II, III, IV, V e VI do *caput* deste artigo e seus suplentes serão indicados pelos titulares dos respectivos órgãos e entidades da administração pública. (Incluído pela Lei n. 13.853, de 2019)

§ 3º Os representantes de que tratam os incisos VII, VIII, IX, X e XI do *caput* deste artigo e seus suplentes: (Incluído pela Lei n. 13.853, de 2019)

I – serão indicados na forma de regulamento; (Incluído pela Lei n. 13.853, de 2019)

II – não poderão ser membros do Comitê Gestor da Internet no Brasil; (Incluído pela Lei n. 13.853, de 2019)

III – terão mandato de 2 (dois) anos, permitida 1 (uma) recondução. (Incluído pela Lei n. 13.853, de 2019)

§ 4º A participação no Conselho Nacional de Proteção de Dados Pessoais e da Privacidade será considerada prestação de serviço público relevante, não remunerada. (Incluído pela Lei n. 13.853, de 2019)

Art. 58-B. Compete ao Conselho Nacional de Proteção de Dados Pessoais e da Privacidade: (Incluído pela Lei n. 13.853, de 2019)

I – propor diretrizes estratégicas e fornecer subsídios para a elaboração da Política Nacional de Proteção de Dados Pessoais e da Privacidade e para a atuação da ANPD; (Incluído pela Lei n. 13.853, de 2019)

II – elaborar relatórios anuais de avaliação da execução das ações da Política Nacional de Proteção de Dados Pessoais e da Privacidade; (Incluído pela Lei n. 13.853, de 2019)

III – sugerir ações a serem realizadas pela ANPD; (Incluído pela Lei n. 13.853, de 2019)

IV – elaborar estudos e realizar debates e audiências públicas sobre a proteção de dados pessoais e da privacidade; e (Incluído pela Lei n. 13.853, de 2019)

V – disseminar o conhecimento sobre a proteção de dados pessoais e da privacidade à população.

Art. 59. (VETADO).

O Conselho Nacional de Proteção de Dados Pessoais e da Privacidade (CNPD), instituído pela Lei n. 13.853/2019, desempenha papel crucial na implementação e no aperfeiçoamento da Lei Geral de Proteção de Dados Pessoais (LGPD). Para garantir a eficácia da lei, a composição do Conselho deve refletir a diversidade de áreas impactadas pela LGPD, reunindo especialistas com expertise técnica, jurídica, econômica, em ciência de dados e em comunicação. Essa pluralidade de conhecimentos é fundamental para a análise e o tratamento das particularidades de cada setor, impulsionando a aplicação eficiente da LGPD e seu contínuo aprimoramento, além de fortalecer a atratividade do Brasil para investimentos estrangeiros e estimular a inovação tecnológica. Considerando a importância da consolidação do Conselho, com a criação da ANPD, houve uma convocação da sociedade para indicação do Conselho e, em agosto de 2021, houve a designação dos primeiros membros titulares e suplentes por meio do Decreto de 9 de agosto de 2021[59] e demais subsequentes[60].

Hoje, o CNPD já possui segunda versão de seu Regimento Interno publicada (estabelecido pela Resolução CNPD n. 2, de 26 de setembro de 2024) e com grupos de trabalho temporários que buscam realizar análises, estudos e fazer proposições a respeito de diversas matérias. Para mais informações, veja o Capítulo 8 da presente obra.

Capítulo X
DISPOSIÇÕES FINAIS E TRANSITÓRIAS

Art. 60. A Lei n. 12.965, de 23 de abril de 2014 (Marco Civil da Internet), passa a vigorar com as seguintes alterações:

"Art. 7º ....

X – exclusão definitiva dos dados pessoais que tiver fornecido a determinada aplicação de internet, a seu requerimento, ao término da relação entre as partes, ressalvadas as hipóteses de guarda obrigatória de registros previstas nesta Lei e na que dispõe sobre a proteção de dados pessoais;

...."

"Art. 16 ....

II – de dados pessoais que sejam excessivos em relação à finalidade para a qual foi dado consentimento pelo seu titular, exceto nas hipóteses previstas na Lei que dispõe sobre a proteção de dados pessoais." (NR)

Devido ao fato de a LGPD trazer em seu corpo legislativo algumas novidades conceituais e mesmo procedimentais em

---

59 Disponível em: https://www.in.gov.br/en/web/dou/-/decretos-de-9-de -agosto-de-2021-337265774.

60 Disponível em: https://www.gov.br/anpd/pt-br/composicao-1/conselho -nacional-de--protecao-de-dados-pessoais-e-privacidade-cnpd.

relação ao tratamento de dados pessoais, é necessário atualizar o Marco Civil da Internet de forma que ambas as legislações coexistam em harmonia.

Art. 61. A empresa estrangeira será notificada e intimada de todos os atos processuais previstos nesta Lei, independentemente de procuração ou de disposição contratual ou estatutária, na pessoa do agente ou representante ou pessoa responsável por sua filial, agência, sucursal, estabelecimento ou escritório instalado no Brasil.

A LGPD previu o procedimento para que haja alcance e aplicação extraterritorial e tenha efeitos internacionais.

Art. 62. A autoridade nacional e o Instituto Nacional de Estudos e Pesquisas Educacionais Anísio Teixeira (Inep), no âmbito de suas competências, editarão regulamentos específicos para o acesso a dados tratados pela União para o cumprimento do disposto no § 2º do art. 9º da Lei n. 9.394, de 20 de dezembro de 1996 (Lei de Diretrizes e Bases da Educação Nacional), e aos referentes ao Sistema Nacional de Avaliação da Educação Superior (Sinaes), de que trata a Lei n. 10.861, de 14 de abril de 2004.

A aplicação deste artigo está sujeita à regulamentação da ANPD.

Art. 63. A autoridade nacional estabelecerá normas sobre a adequação progressiva de bancos de dados constituídos até a data de entrada em vigor desta Lei, consideradas a complexidade das operações de tratamento e a natureza dos dados.

Importante destacar que este artigo se refere diretamente â gestão do legado de dados e como se aplica até o apagamento de dados em *backup*. Até que exista uma regulamentação específica, o entendimento é que pode ser mantido o dado com base nos arts. 63 e 16 da LGPD.

Art. 64. Os direitos e princípios expressos nesta Lei não excluem outros previstos no ordenamento jurídico pátrio relacionados à matéria ou nos tratados internacionais em que a República Federativa do Brasil seja parte.

É muito importante que a LGPD seja aplicada de forma especial no tocante à matéria de proteção de dados pessoais, não excluindo a aplicação das demais leis de forma complementar ou subsidiária, sejam nacionais ou tratados internacionais, que devem ser interpretados de maneira harmoniosa e integradora.

Art. 65. Esta Lei entra em vigor:

I – dia 28 de dezembro de 2018, quanto aos arts. 55-A, 55-B, 55-C, 55-D, 55-E, 55-F, 55-G, 55-H, 55-I, 55-J, 55-K, 55-L, 58-A e 58-B; e (Incluído pela Lei n. 13.853, de 2019)

I-A – dia 1º de agosto de 2021, quanto aos arts. 52, 53 e 54; (Incluído pela Lei n. 14.010, de 2020)

II – 24 (vinte e quatro) meses após a data de sua publicação, quanto aos demais artigos.

O prazo previsto pela LGPD é considerado curto em termos de realidade brasileira, mesmo com a prorrogação ocorrida que ampliou de 18 meses para 24 meses, ficando o prazo equivalente ao do GDPR, que também adotou o prazo de dois anos – 25 de maio de 2016 a 25 de maio de 2018 – para que empresas, governo e sociedade civil tomassem conhecimento e implementassem medidas necessárias ao cumprimento de suas disposições. Esta é uma legislação de alto impacto econômico e social e que eleva o custo Brasil, exigindo uma política pública para ser implementada.

REFERÊNCIAS

AEPD. *Guía sobre el uso de las cookies. Madrid*: AEPD, mayo 2024. Disponível em: https://www.aepd.es/guias/guia-cookies.pdf. Acesso em: 8 maio 2025.

ANPD abre consulta à sociedade sobre o Guia de Anonimização e Pseudonimização. Disponível em: https://www.gov.br/anpd/pt-br/assuntos/noticias/anpd-abre-consulta-a-sociedade-sobre-o-guia-de-anonimizacao-e-pseudonimizacao. Acesso em: 1º jul. 2025.

ANPD abre tomada de subsídios para norma sobre direitos dos titulares de dados pessoais. Disponível em: https://www.gov.br/anpd/pt-br/assuntos/noticias/anpd-abre-tomada-de-subsidios-para-norma-sobre-direitos-dos-titulares-de-dados-pessoais. Acesso em: 8 maio 2025.

ANPD aprova regulamento sobre transferências internacionais de dados. Disponível em: https://www.gov.br/anpd/pt-br/assuntos/noticias/resolucao-normatiza-transferencia-internacional-de-dados. Acesso em: 8 maio 2025.

ANPD assina declaração pela criação da Rede Lusófona de Proteção de Dados. Disponível em: https://www.gov.br/anpd/pt-br/assuntos/noticias/anpd-assina-declaracao-pela-criacao-da-rede-lusofona-de-protecao-de-dados. Acesso em: 1º jul. 2025.

ANPD atualiza com dados do segundo semestre de 2024 Relatório de Acompanhamento da Agenda Regulatória. Disponível em: https://www.gov.br/anpd/pt-br/assuntos/noticias/anpd-atualiza-com-dados-do-segundo-semestre-de-2024-relatorio-de-acompanhamento-da-agenda-regulatoria. Acesso em: 8 maio 2025.

ANPD divulga modelo de registro simplificado de operações com dados pessoais para Agentes de Tratamento de Pequeno Porte (ATPP). Disponível em: https://www.gov.br/anpd/pt-br/assuntos/noticias/anpd-divulga-modelo-de-registro-simplificado-de-operacoes-com-dados-pessoais-para-agentes-de-tratamento-de-pequeno-porte-atpp.

ANPD e o Comissariado Canadense para a Proteção da Privacidade firmam Memorando de Entendimento. Disponível em: https://www.gov.br/anpd/pt-br/assuntos/noticias/anpd-e-o-comissariado-canadense-para-a-protecao-da-privacidade-firmam-memorando-de-entendimento. Acesso em: 8 maio 2025.

ANPD fiscaliza 20 empresas por falta de encarregado e canal de comunicação adequado. Disponível em: https://www.gov.br/anpd/pt-br/assuntos/noticias/anpd-fiscaliza-20-empresas-por-falta-de-encarregado-e-canal-de-comunicacao.

ANPD lança Guia Orientativo sobre Tratamento de Dados Pessoais para Fins Acadêmicos. Disponível em: https://www.gov.br/anpd/pt-br/assuntos/noticias/anpd-lanca-guia-orientativo-sobre-tratamento-de-dados-pessoais-para-fins-academicos. Acesso em: 8 maio 2025.

ANPD sanciona INSS e Secretaria de Educação do DF por violações à LGPD. Disponível em: https://www.gov.br/anpd/pt-br/assuntos/noticias/anpd-sanciona-inss-e-secretaria-de-educacao-do-df-por-violacoes-a-lgpd. Acesso em: 8 maio 2025.

AUTORIDADE NACIONAL DE PROTEÇÃO DE DADOS. *Assuntos Internacionais – Português*. Disponível em: https://www.gov.br/anpd/pt-br/assuntos/assuntos-internacionais/assuntos-internacionais-pt. Acesso em: 1º abr. 2025.

AUTORIDADE NACIONAL DE PROTEÇÃO DE DADOS. CNPD. Disponível em: https://www.gov.br/anpd/pt-br/composicao-1/conselho-nacional-de-protecao-de-dados-pessoais-e-privacidade-cnpd/CNPD. Acesso em: 1º jul. 2025.

AUTORIDADE NACIONAL DE PROTEÇÃO DE DADOS. *Estudo técnico sobre a anonimização de dados na LGPD: análise jurídica – versão 1.0*. Brasília, nov. 2023. Disponível em: https://www.gov.br/anpd/pt-br/centrais-de-conteudo/documentos-tecnicos-orientativos/estudo_tecnico_sobre_anonimizacao_de_dados_na_lgpd___analise_juridica.pdf. Acesso em: 1º abr. 2025.

AUTORIDADE NACIONAL DE PROTEÇÃO DE DADOS. *Guia Cookies e proteção de dados pessoais*. Disponível em: https://www.gov.br/anpd/pt-br/centrais-de-conteudo/materiais-educativos-e-publicacoes/guia-orientativo-cookies-e-protecao-de-dados-pessoais.pdf. Acesso em: 1º abr. 2025.

AUTORIDADE NACIONAL DE PROTEÇÃO DE DADOS. *Guia orientativo Hipóteses legais de tratamento de dados pessoais – legítimo interesse*. Disponível em: https://www.gov.br/anpd/pt-br/centrais-de-conteudo/materiais-educativos-e-publicacoes/guia_legitimo_interesse.pdf. Acesso em: 1º abr. 2025.

AUTORIDADE NACIONAL DE PROTEÇÃO DE DADOS. *Guia orientativo para definições dos agentes de tratamento de dados pessoais e do encarregado – versão 2.0*. Abr. 2022. Disponível em: https://www.gov.br/anpd/pt-br/centrais-de-conteudo/materiais-educativos-e-publicacoes/Segunda_Versao_do_Guia_de_Agentes_de_Tratamento_retificada.pdf. Acesso em: 1º abr. 2025.

AUTORIDADE NACIONAL DE PROTEÇÃO DE DADOS. *Guia orientativo para definições dos agentes de tratamento de dados pessoais e do encarregado*. 2022. Disponível em: https://www.gov.br/anpd/pt-br/documentos-e-publicaco-es/Segunda_Versao_do_Guia_de_Agentes_de_Tratamento_retificada.pdf. Acesso em: 1º abr. 2025.

AUTORIDADE NACIONAL DE PROTEÇÃO DE DADOS. *Guia orientativo Tratamento de dados pelo Poder Público*. Disponível em: https://www.gov.br/anpd/pt-br/centrais-de-conteudo/materiais-educativos-e-publicacoes/guia-poder-publico-anpd-versao-final.pdf

AUTORIDADE NACIONAL DE PROTEÇÃO DE DADOS. *Memorando de entendimento entre a Autoridade Nacional de Proteção de Dados do Brasil e a Agência Espanhola de Proteção de Dados do Reino da Espanha para o desenvolvimento de ações conjuntas para promover a divulgação e aplicação prática do Regulamento de Proteção de Dados*. Disponível em: https://www.gov.br/anpd/pt-br/assuntos/noticias/mou-anpd-aepd-pt.pdf. Acesso em: 1º abr. 2025.

AUTORIDADE NACIONAL DE PROTEÇÃO DE DADOS. *Nota Técnica n. 68/2022/CGF/ANPD*. Disponível em: https://www.gov.br/anpd/pt-br/centrais-de-conteudo/documentos-tecnicos-orientativos/nt-68_2022_cgf_anpd.pdf. Acesso em: 1º abr. 2025.

AUTORIDADE NACIONAL DE PROTEÇÃO DE DADOS. *Nota Técnica n. 3/2023/CGF/ANPD*. Disponível em: https://www.gov.br/anpd/pt-br/assuntos/noticias/NotaTecnica3CGF.ANPD.pdf. Acesso em: 1º abr. 2025.

AUTORIDADE NACIONAL DE PROTEÇÃO DE DADOS. *Relatório de Instrução n. 2/2024/FIS/CGF/ANPD*. Disponível em: https://www.gov.br/anpd/pt-br/centrais-de-conteudo/relatorio-instrucao-2-2024_sec-educacao-gdf.pdf. Acesso em: 1º abr. 2025.

AUTORIDADE NACIONAL DE PROTEÇÃO DE DADOS. *Relatório de Instrução n. 3/2024/FIS/CGF*. Disponível em: https://www.gov.br/anpd/pt-br/centrais-de-conteudo/ri-pas-pe-versao-publica.pdf. Acesso em: 1º abr. 2025.

AUTORIDADE NACIONAL DE PROTEÇÃO DE DADOS. *Relatório de Instrução n. 5/2024/FIS/CGF*. Disponível em: https://www.gov.br/anpd/pt-br/centrais-de-conteudo/decisoes-em-processos-sancionadores-1/relatorio_de_instrucao_5_publico_ocultado.pdf. Acesso em: 1º abr. 2025.

AUTORIDADE NACIONAL DE PROTEÇÃO DE DADOS. *Tomada de subsídios*: inteligência artificial e revisão de decisões automatizadas. Disponível em: https://www.gov.br/participamaisbrasil/tomada-de-subsidios-inteligencia-artificial-e-revisao-de-decisoes-automatizadas.

BACEN. *Resolução Bacen n. 4.658/2018*. Disponível em: https://normativos.bcb.gov.br/Lists/Normativos/Attachments/50581/Res_4658_v1_O.pdf. Acesso em: jun. 2025.

BANDEIRA DE MELLO, Celso Antônio. *Curso de direito administrativo*. 33. ed. São Paulo: Malheiros, 2018.

BARRETO, Gileno Gurjão; ANTONIO, André Luiz Sucupira; LIMA, André Gustavo Bastos (org.). *Governança em privacidade e proteção de dados: uma visão integrada aos negócios empresariais*. Curitiba: Editorial Casa, 2022.

BARROSO, Luís Roberto. *Curso de direito constitucional contemporâneo*. 7. ed. São Paulo: Saraiva, 2018.

BIONI, Bruno Ricardo. *Proteção de dados pessoais*: a função e os limites do consentimento. Rio de Janeiro: Forense, 2019.

BRASIL. *Constituição da República Federativa do Brasil de 1988. Brasília, 1988*. Disponível em: http://www.planalto.gov.br/ccivil_03/constituicao/constituicaocompilado.htm. Acesso em: jun. 2025.

BRASIL. *Decreto n. 6.523, de 31 de julho de 2008. Brasília, 2008*. Disponível em: http://www.planalto.gov.br/ccivil_03/_ato2007-2010/2008/decreto/d6523.htm. Acesso em: 1º jul. 2025.

BRASIL. *Decreto n. 7.962, de 15 de março de 2013*. Brasília, 2013. Disponível em: http://www.planalto.gov.br/ccivil_03/_Ato2011-2014/2013/Decreto/D7962.htm. Acesso em: ago. 2022.

BRASIL. *Decretos de 9 de agosto de 2021*. Brasília, 2021. Disponível em: https://www.in.gov.br/en/web/dou/-/decretos-de-9-de-agosto-de-2021-337265774. Acesso em: jun. 2025.

BRASIL. *Decretos de 25 de junho de 2024*. Brasília, 2024. Disponível em: https://www.in.gov.br/web/dou/-/decretos-de-25-de-junho-de-2024-567977376. Acesso em: jun. 2025.

BRASIL. *Decreto n. 10.474, de 26 de agosto de 2020*. Brasília, 2020. Disponível em: https://www.in.gov.br/en/web/dou/-/decreto-n-10.474-de-26-de-agosto-de-2020-274389226. Acesso em: 1º jul. 2025.

BRASIL. *Instrução normativa SGD/ME n. 117, de 19 de novembro de 2020*. Brasília, 2020. Disponível em: https://www.in.gov.br/en/web/dou/-/instrucao-normativa-sgd/me-n-117-de-19-de-novembro-de-2020-289515596. Acesso em: 31 mar. 2025.

BRASIL. *Lei n. 8.112, de 11 de dezembro de 1990*. Brasília, 1990. Disponível em: https://www.planalto.gov.br/ccivil_03/leis/l8112cons.htm. Acesso em: jun. 2025.

BRASIL. *Lei n. 8.429, de 2 de junho de 1992*. Brasília, 1992. Disponível em: https://www.planalto.gov.br/ccivil_03/leis/l8429.htm. Acesso em: jun. 2025.

BRASIL. *Lei n. 12.527, de 18 de novembro de 2011*. Brasília, 2011. Disponível em: https://www.planalto.gov.br/ccivil_03/_ato2011-2014/2011/lei/l12527.htm. Acesso em: jun. 2025.

BRASIL. *Lei n. 12.965, de 23 de abril de 2014*. Brasília, 2014. Disponível em: http://www.planalto.gov.br/ccivil_03/_Ato2011-2014/2014/Lei/L12965.htm. Acesso em: jun. 2025.

BRASIL. *Lei n. 13.709, de 14 de agosto de 2018*. Brasília, 2018. Disponível em: https://www.planalto.gov.br/ccivil_03/_ato2015-2018/2018/lei/l13709.htm. Acesso em: jun. 2025.

BRASIL. *Lei n. 13.853, de 8 de julho de 2019*. Brasília, 2019. Disponível em: http://www.planalto.gov.br/ccivil_03/_ato2019-2022/2019/lei/L13853.htm. Acesso em: jun. 2025.

BRASIL. *Lei n. 14.460, de 25 de outubro de 2022*. Brasília, 2022. Disponível em: https://www.planalto.gov.br/ccivil_03/_ato2019-2022/2022/lei/l14460.htm. Acesso em: jun. 2025.

BRASIL. *Lei n. 15.134, de 6 de maio de 2025*. Brasília, 2025. Disponível em: https://www.planalto.gov.br/ccivil_03/_ato2023-2026/2025/lei/l15134.htm. Acesso em: jun. 2025.

BRASIL. *Mensagem n. 552, de 6 de maio de 2025*. Disponível em: https://www.planalto.gov.br/ccivil_03/_ato2023-2026/2025/Msg/Vep/VEP-552-25.htm. Acesso em: 12 maio 2025.

BRASIL. Ministério da Justiça e Segurança Pública. Autoridade Nacional de Proteção de Dados. *Resolução CD/ANPD n. 4, de 24 de fevereiro de 2023*. Disponível em: https://www.in.gov.br/en/web/dou/-/resolucao-cd/anpd-n-4-de-24-de-fevereiro-de-2023-466146077. Acesso em: 31 mar. 2025.

BRASIL. Ministério da Justiça e Segurança Pública. Autoridade Nacional de Proteção de Dados. *Resolução CD/ANPD n. 15, de 24 de abril de 2024*. Disponível em: https://www.in.gov.br/en/web/dou/-/resolucao-cd/anpd-n-15-de-24-de-abril-de-2024-556243024. Acesso em: 31 mar. 2025.

BRASIL. Ministério da Justiça e Segurança Pública. Autoridade Nacional de Proteção de Dados. *Resolução CD/ANPD n. 18, de 16 de julho de 2024*. Disponível em: https://www.in.gov.br/en/web/dou/-/resolucao-cd/anpd-n-18-de-16-de-julho-de-2024-572632074. Acesso em: 31 mar. 2025.

BRASIL. Ministério da Justiça e Segurança Pública. Autoridade Nacional de Proteção de Dados. *Resolução CD/ANPD n. 19, de 23 de agosto de 2024*. Disponível em: https://www.in.gov.br/en/web/dou/-/resolucao-cd/anpd-n-19-de-23-de-agosto-de-2024-580095396. Acesso em: 31 mar. 2025.

BRASIL. Ministério da Justiça e Segurança Pública. Autoridade Nacional de Proteção de Dados. *Resolução n. 23, de 9 de dezembro de 2024*. Disponível em: https://www.in.gov.br/en/web/dou/-/resolucao-n-23-de-9-de-dezembro-de-2024-601118310. Acesso em: 8 maio 2025. Acesso em: 31 mar. 2025.

BRASIL. *Redação Final da Medida Provisória n. 869-B, de 2018 – Projeto de Lei de Conversão n. 7, de 2019*. Brasília, 2019. Disponível em: https://www.planalto.gov.br/ccivil_03/_ato2015-2018/2018/Mpv/mpv869.htm. Acesso em: jul. 2025.

BRASIL. *Resolução CD/ANPD n. 1, de 28 de outubro de 2021*. Disponível em: https://www.gov.br/anpd/pt-br/acesso-a-informacao/institucional/atos-normativos/regulamentacoes_anpd/resolucao-cd-anpd-no1-2021. Acesso em: 1º jul. 2025.

BRASIL. *Resolução CD/ANPD n. 2, de 27 de janeiro de 2022*. Disponível em: https://www.gov.br/anpd/pt-br/acesso-a-informacao/institucional/atos-normativos/regulamentacoes_anpd/resolucao-cd-anpd-no-2-de-27-de-janeiro-de-2022. Acesso em: 1º jul. 2025.

BRASIL. *Veto n. 24/2019*. Brasília, 2019. Disponível em: https://www.congressonacional.leg.br/materias/vetos/-/veto/detalhe/12445. Acesso em: jun. 2025.

BRAZ JR., Marcilio. Das etapas de elaboração de um DPIA. *Jota*, 27 abr. 2019. Disponível em: https://www.jota.info/opiniao-e-analise/artigos/das-etapas-de-elaboracao-de-um-dpia. Acesso em: 1º jul. 2025.

COMMISSION WORK PROGRAMME. Disponível em: https://commission.europa.eu/strategy-and-policy/strategy-documents/commission-work-programme_en#ref-2025-commission-work-programme. Acesso em: 1º jul. 2025.

CONJUR. *Minuta*: Anteprojeto de Lei de Proteção de Dados para segurança pública e investigação criminal. [s.l: s.n.]. Disponível em: https://www.conjur.com.br/dl/anteprojeto-lei-disciplina-protecao.pdf. Acesso em: 1º jul. 2025.

CONSELHO DA JUSTIÇA FEDERAL. *IX Jornada de Direito Civil*: comemoração dos 20 anos da Lei n. 10.406/2002 e da Instituição da Jornada de Direito Civil – enunciados aprovados. Brasília: CJF, 2022. Disponível em: http://cjf.jus.br/cjf/corregedoria-da-justica-federal/centro-de-estudos-judiciarios-1/publicacoes-1/jornadas-cej/enunciados-aprovados-2022-vf.pdf. Acesso em: 8 maio 2025.

CONSELHO NACIONAL DE PROTEÇÃO DE DADOS E DA PRIVACIDADE. Disponível em: https://www.gov.br/anpd/pt-br/cnpd-2.

CRIADO, Miguel Ángel. Quatro compras com o cartão bastam para identificar qualquer pessoa. *El País*, jan. 2015. Disponível em: https://brasil.elpais.com/brasil/2015/01/29/ciencia/1422520042_066660.html. Acesso em: jul. 2025.

DONEDA, Danilo et al. (coord.). *Tratado de proteção de dados pessoais*. Rio de Janeiro: Forense, 2021.

ESTUDO técnico sobre a anonimização de dados na LGPD: análise jurídica – versão 1.0. Brasília/DF, nov. 2023. Disponível em: https://www.gov.br/anpd/pt-br/centrais-de-conteudo/documentos-tecnicos-orientativos/estudo_tecnico_sobre_anonimizacao_de_dados_na_lgpd___analise_juridica.pdf. Acesso em: 8 maio 2025.

FARIAS, D. O. et al. Tecnologia *blockchain* e auditoria. *Revista do TCU*, n. 150, p. 22-48, 2022.

FEDERAÇÃO DAS INDÚSTRIAS DO ESTADO DE SÃO PAULO. *Autoridade Nacional de Proteção de Dados – ANPD*. Disponível em: https://www.fiesp.com.br/agenda/seminario-autoridade-nacional-de-dados-pessoais-anpd/. Acesso em: abr. 2022.

FINANCIER WORLDWIDE. Disponível em: https://www.financierworldwide.com/regulation-of-biometric-data-in-europe. Acesso em: 1º jul. 2025.

FRANCOSKI, Denise de Souza Luiz; TASSO, Fernando Antonio (coord.). *A Lei Geral de Proteção de Dados Pessoais*: aspectos práticos e teóricos relevantes no setor público e privado. São Paulo: Thomson Reuters Brasil, 2021.

GAROFANO, Rafael Roque. *Limitação de finalidade no tratamento de dados pessoais pelo Poder Público*: teste de legalidade da reutilização para fins de interesse público. Rio de Janeiro: Lumen Juris, 2022.

GDPR Enforcement Tracker – list of GDPR fines. Disponível em: https://www.enforcementtracker.com/ETid-1844. Acesso em: 8 maio 2025.

GDPR Enforcement Tracker – list of GDPR fines. Disponível em: https://www.enforcementtracker.com/ETid-2306. Acesso em: 8 maio 2025.

GDPR Enforcement Tracker – list of GDPR fines. Disponível em: https://www.enforcementtracker.com/ETid-1912. Acesso em: 8 maio 2025.

GDPR Enforcement Tracker – list of GDPR fines. Disponível em: https://www.enforcementtracker.com/ETid-1730. Acesso em: 8 maio 2025.

GDPR Enforcement Tracker – list of GDPR fines. Disponível em: https://www.enforcementtracker.com/ETid-2104. Acesso em: 8 maio 2025.

IAPP. Privacy Law Map. Disponível em: https://iapp.org/media/images/resource_center/State_Comp_Privacy_Law_Map.png. Acesso em: 30 maio 2025.

ICO. *What are "controllers" and "processors"?* Disponível em: https://ico.org.uk/for-organisations/uk-gdpr-guidance-and-resources/controllers-and-processors/controllers-and-processors/what-are-controllers-and-processors/. Acesso em: 31 mar. 2025.

LA AEPD actualiza su Guía sobre el uso de *cookies* para adaptarla a las nuevas directrices del Comité Europeo de Protección de Datos. AEPD, 2023. Disponível em: https://www.aepd.es/prensa-y-comunicacion/notas-de-prensa/aepd-actualiza-guia-cookies-para-adaptarla-a-nuevas-directrices-cepd. Acesso em: 8 maio 2025.

LEAL, Lívia. Proteção *post mortem* dos dados pessoais? *Jota*, 2019. Disponível em: https://www.jota.info/opiniao-e-analise/artigos/protecao-post-mortem-dos-dados-pessoais-12012019. Acesso em: 1º jul. 2025.

LEITE, George Salomão; LEMOS, Ronaldo (coord.). *Marco Civil da Internet*. São Paulo: Atlas, 2014.

MICHENER, G.; PRAÇA, Sérgio. A "privacidade" como pretexto para ferir a transparência pública. *Folha de S.Paulo*, 2025. Disponível em: https://www1.folha.uol.com.br/opiniao/2025/05/a-privacidade-como-pretexto-para-ferir-a-transparencia-publica.shtml. Acesso em: 12 maio 2025.

MIRANDA, Leandro Alvarenga. *A proteção de dados pessoais e o paradigma da privacidade*. São Paulo: All Print Editora, 2018.

PARTICIPA + BRASIL. *Tomada de subsídios sobre transferência internacional*. Disponível em: https://www.gov.br/participamaisbrasil/tomada-de-subsidios-transferencia-internacional. Acesso em: 1º abr. 2025.

PERREGIL, Fernanda; CALCINI Ricardo (org.). *LGPD e compliance trabalhista*. Leme, SP: Mizuno, 2021.

PETICIONAMENTO Eletrônico ANPD. Disponível em: https://www.gov.br/anpd/pt-br/canais_atendimento/peticionamento-eletronico-anpd. Acesso em: 8 maio 2025.

PINHEIRO, Patricia Peck Garrido (coord.). *Direito digital aplicado 5.0: especial Administração Pública*. São Paulo: Revista dos Tribunais, 2022.

PIRONTI, Rodrigo. *Lei Geral de Proteção de Dados*: estudos sobre um novo cenário de governança corporativa. Belo Horizonte: Fórum, 2020.

PODER360. *Leia as íntegras dos votos dos 11 ministros sobre responsabilização das redes*. Disponível em: https://www.poder360.com.br/poder-justica/leia-as-integras-dos-votos-dos-11-ministros-na-responsabilizacao-das-redes/. Acesso em: 3 jul. 2025.

RADAR TECNOLÓGICO: Biometria e Reconhecimento Facial – Estudos Preliminares, Brasília, n. 2. Disponível em: https://www.gov.br/anpd/pt-br/centrais-de-conteudo/documentos-tecnicos-orientativos/radar-tecnologico-biometria-anpd-1.pdf.

RELATÓRIO DE IMPACTO À PROTEÇÃO DE DADOS PESSOAIS (RIPD). Disponível em: https://www.gov.br/anpd/pt-br/canais_atendimento/

agente-de-tratamento/relatorio-de-impacto-a-protecao-de-dados-pessoais-ripd/relatorio-de-impacto-a-protecao-de-dados-pessoais. Acesso em: 8 maio 2025.

SEBBEN, Naiara Anna. *Mercado de crédito, LGPD e cadastro positivo*: reflexões acerca da Lei n. 13.709/2018 e da Lei Complementar n. 166/2019. Londrina, PR: Thoth, 2021.

STF. *ADC 51*. Disponível em: https://www.stf.jus.br/arquivo/cms/bibliotecaConsultaProdutoBibliotecaPastaFachin/anexo/ADC51.pdf. Acesso em: 8 maio 2025.

STF. *Guia Boas Práticas de Proteção de Dados Pessoais no STF*. Disponível em: https://bibliotecadigital.stf.jus.br/xmlui/bitstream/handle/123456789/7488/GUIA%20LGPD_13%202%20%281%29.pdf?sequence=1&isAllowed=y. Acesso em: 30 jun. 2025

STF tem novas diretrizes para segurança cibernética e proteção de dados. Disponível em: https://noticias.stf.jus.br/postsnoticias/stf-tem-novas-diretrizes-para-seguranca-cibernetica-e-protecao-de-dados/. Acesso em: 1º jul. 2025.

STF valida compartilhamento de dados mediante requisitos. Disponível em: https://portal.stf.jus.br/noticias/verNoticiaDetalhe.asp?idConteudo=494227&ori=%C3%A7p. Acesso em: 1º jul. 2025.

WEBER, Rolf. The right to be forgotten: more than a Pandora's Box? *JIPITEC*, 2011. Disponível em: https://www.jipitec.eu/issues/jipitec-2-2-2011/3084/jipitec%202%20-%20a%20-%20weber.pdf. Acesso em: jul. 2025.

ZAVANELLA, Fabiano. *Lei Geral de Proteção de Dados na relação de emprego*: segurança na gestão e no tratamento corporativo de dados por meio do legítimo interesse. Leme, SP: Mizuno, 2024.

2026/1